गर्भ-बीज

मण्टो अब तक-४

गर्भ-बीज

सआदत हसन मण्टो

सम्पादन

मुशर्रफ़ आलम ज़ौक़ी

वाणी प्रकाशन

वाणी प्रकाशन

4695, 21-ए, दरियागंज, नयी दिल्ली 110 002

फ़ोन : +91 11 23273167 फ़ैक्स : +91 11 23275710

शाखाएँ

अशोक राजपथ, पटना 800 004, बिहार

कॉफ़ी हाउस कैम्पस, महात्मा गांधी मार्ग, इलाहाबाद 211 001, उत्तर प्रदेश

महात्मा गांधी अन्तरराष्ट्रीय हिन्दी विश्वविद्यालय, वर्धा 442 001, महाराष्ट्र

www.vaniprakashan.in
marketing@vaniprakashan.in
sales@vaniprakashan.in

GARBH-BEEZ
by Saadat Hasan Manto
Edited by Musharraf Aalam Zauqi

ISBN : 978-93-5000-149-3
Collection of Short Stories

संस्करण 2009
आवृत्ति 2018

मूल्य : ₹ 250

एम.एस. प्रिंटर्स, दिल्ली-110 095 में मुद्रित

वाणी प्रकाशन का लोगो मक़बूल फ़िदा हुसेन की कूची से

प्यारे माशा

के लिए

कि उसकी नन्ही शरारतों में भी

एक 'मंटो' छिपा है

अपनी बात

हैं और भी दुनिया में सुख़नवर बहुत अच्छे
कहते हैं कि ग़ालिब का है अंदाज़े-बयां और

ग़ालिब का अंदाज़े-बयां और था, सब जानते हैं।

लेकिन सच पूछें, तो यही बात मंटो पर भी लागू होती है। दुनिया में 'सुख़नवरों' की कमी नहीं। एक से बढ़कर एक। लेकिन मंटो का अंदाज़े-बयां शायद सब से अलग।

मंटो इंसानी कमज़ोरियों से वाक़िफ़ हैं। छोटी-सी उम्र में मर जाने के बावजूद जो दुनिया मंटो ने अपने मुशाहिदे से देखी थी, वो शायद कम लोगों ने देखी थी। इंसानी मनोविज्ञान की जो पकड़ मंटो में थी, शायद अब भी यह पकड़ बड़े-बड़े कथाकारों में नज़र नहीं आयेगी। जैसे मंटो की 'पटाने' या 'फंसाने' के बारे में एक आम राय-'निनावे प्रतिशत लड़कियां मर्दानी-शराफ़त से नहीं क़ाबू में आतीं। उन्हें बेढब बातें ज़्यादा पसंद हैं।' या फिर 'काली औरतों के मुक़ाबले आप गोरी सुन्दर महिलाओं को ज़्यादा आसानी से 'फांस' सकते हैं।'

लेकिन प्रत्येक कहानी के साथ एक चीज़ 'कॉमन' है। मंटो शरीफ़ आदमी था। इसलिए जब भी, कहीं भी मंटो अपना चरित्र रचने की कोशिश करता है, हम एक बेहद शरीफ़ आदमी से रू-ब-रू होते हैं। क्या यह मंटो की कमी थी? जहां उसके चरित्र एक से बढ़कर एक आवार्गियां, शरारतें, बदमाशियां या 'हरामीपन' करते हैं, वहां मंटो का अपने चरित्र के बारे में यह शरीफ़ाना रवैया कुछ ज़्यादा 'हज़म' नहीं होता। किसी तवायफ़ को वह बहन कह रहा है। वह अपनी लेखनी या 'स्क्रिप्ट-राइटिंग में व्यस्त रहता है और

दूसरे कमरे में, बकौल इस्मत, लिहाफ में हाथी फुदक रहा है। लेकिन मंटो की शराफ़त यह...कि बस, सारा कुछ कहानी लिखने तक सीमित।

लेकिन यही शरीफ मंटो जब अपने नायाब चरित्रों के कपड़े उतारता है तो अक्ल हैरान रह जाती है। मंटो के बाद से आज तक शायद किसी भी भारतीय साहित्य में इकट्ठे इतने चरित्र नहीं आये होंगे, जितने मंटो ने रचे। हर कहानी में एक नया चरित्र। नया मनोविज्ञान, नयी औरत और मंटो की नई भाषा...कभी-कभी मंटो मुझे चेखव, मोपासां जैसे रचनाकारों से भी मीलों आगे नज़र आता है। क्योंकि कहानी कहने की जो कला या चरित्रों को कमाल के साथ तहरीर में उतारने का जो फन मंटो के पास था, वो शायद न चेखव में था, न मापासां में। मंटो चरित्रों के मनोविज्ञान से गुज़रते हुए जब क़साई की तरह बकरे (कहानी) की 'बोटी-बोटी' अलग करता है तो आंखें हैरान रह जाती हैं। शायद अपने चरित्र को इतनी ईमानदारी से देखने और निभाने की कला विदेशी कथाकारों में भी नहीं। ज़रूरत इस बात की भी है कि मंटो का समूचा साहित्य अंग्रेज़ी में अनुवाद होकर विश्व-बाज़ार में पहुंचे, जहां उसका सही मूल्यांकन हो सके।

इस संगृह की कहानियां पाठकों को 'निर्ममता' की हद तक रुलाएंगी, चौंकायेंगी। इन कहानियों का अनुवाद नबी अहमद ने किया है।

–मुशर्रफ़ आलम ज़ौक़ी

अनुक्रम

गर्भ-बीज

बाबू गोपीनाथ

बाबू गोपीनाथ से मेरी मुलाक़ात सन् चालीस में हुई। उन दिनों मैं बम्बई का एक हफ़्तावार पर्चा एडिट किया करता था। दफ्तर में अब्दुर्रहीम सैंडो एक नाटे क़द के आदमी के साथ दाख़िल हुआ। मैं उस वक़्त 'लीड' लिख रहा था। सैंडो ने अपने ख़ास अन्दाज में बआवाज़े बुलन्द मुझे आदाब किया और अपने साथी से परिचय कराया : "मंटो साहब! बाबू गोपीनाथ से मिलिये।"

मैंने उठकर उससे हाथ मिलाया। सैंडो ने हस्बे-आदत मेरी तारीफ़ों के पुल बांधने शुरू कर दिये। 'बाबू गोपीनाथ तुम हिन्दुस्तान के नम्बर वन राइटर से हाथ मिला रहे हो। लिखता है तो 'धड़न तख़्ता' हो जाता है। लोगों का ऐसी-ऐसी 'कंटीन्यूटली' मिलाता है कि तबीयत साफ़ हो जाती है। पिछले दिनों वह क्या चुटकुला लिखा था आपने मंटो साहब? मिस खुर्शीद ने कार खरीदी। अल्लाह बड़ा कारसाज़ है। क्यों बाबू गोपीनाथ, है एंटी की पेंटी पो?"

अब्दुर्रहीम सैंडो के बातें करने का अंदाज़ बिल्कुल निराला था। कंटीन्यूटली, धड़न तख़्ता और एंटी की पैंटी पो ऐसे शब्द उसकी अपनी उपज थे जिनको वो गुफ्तगू में बेतकल्लुफ़ इस्तेमाल करता था। मेरा परिचय कराने के बाद उसने बाबू गोपीनाथ की तरफ़ ध्यान दिया जो बहुत 'मरऊब' नज़र आता था : आप हैं बाबू गोपीनाथ। बड़े ख़ाना ख़राब। लाहौर से झक मारते-मारते बम्बई तशरीफ़ लाए हैं। साथ कश्मीर की एक कबूतरी है।"

बाबू गोपीनाथ मुस्कुराया।

अब्दुर्रहीम सैंडो ने परिचय को कम समझ कर कहा : नम्बर वन बेवकूफ़ हो सकता है तो वो आप हैं। लोग उनको मस्का लगाकर रुपया बटोरते हैं। मैं सिर्फ बातें कर के उनसे हर रोज़ पोल्सन बटर के दो पैकेट वसूल करता हूं।

बस मंटो साहब ये समझ लीजिए कि बड़े एंटी फ्लो जस्टीन किस्म के आदमी हैं। आप आज शाम को उनके फ्लेट पर ज़रूर तशरीफ़ लाइये।''

बाबू गोपीनाथ ने जो खुदामालूम क्या सोच रहा था, चौंक कर कहा : ''हां हां, ज़रूर तशरीफ़ लाइये मंटो साहब।'' फिर सैंडो से पूछा : ''क्यों सैंडो क्या आप कुछ इसका शग़ल करते हैं?''

अब्दुर्रहीम सैंडो ने ज़ोर से क़हक़हा लगाया : अजी, हर क़िस्म का शग़ल करते हैं। तो मंटो साहब आज शाम को ज़रूर आइयेगा। मैंने भी पीनी शुरू कर दी है, इसलिए कि मुफ़्त मिलती है।''

सैंडो ने मुझे फ्लैट का पता लिखा दिया जहां मैं हस्बे-वायदा शाम को छ : बजे के क़रीब पहुंच गया। तीन कमरे का साफ़ सुथरा फ्लैट था। जिसमें बिल्कुल नया फर्नीचर सजा हुआ था। सैंडो और बाबू गोपीनाथ के इलावा बैठने वाले कमरे में दो मर्द और दो औरतें मौजूद थीं, जिनसे सैंडो ने मुझे परिचित कराया।

एक था गफ़्फ़ार साईं, तहमद पोश। पंजाब का ठेठ साईं। गले में मोटे दानों की माला। सैंडो ने उसके बारे में कहा : ''आप बाबू गोपीनाथ के लीगल एडवाइज़र हैं। मेरा मतलब समझ जाइये। आप जिस आदमी की नाक बहती हो या जिसके मुंह से लुआब निकलता हो, पंजाब में खुदा का पहुंचा हुआ दरवेश बन जाता है। ये भी बस पहुंचे हुए हैं या पहुंचने वाले हैं। लाहौर से बाबू गोपीनाथ के साथ आए हैं। क्योंकि उन्हें वहां कोई और बेवक़ूफ़ मिलने की उम्मीद नहीं थी। यहां आप बाबू गोपीनाथ से क्रेवन ए के सिगरेट और स्कॉच व्हिस्की के पैग पीकर दुआ करते रहते हैं कि अंजाम नेक हो...''

ग़फ़्फ़ार साईं ये सुन कर मुस्कुराता रहा।

दूसरे मर्द का नाम था गुलाम अली। लम्बा तड़ंगा जवान, कसरती बदन, मुंह पर चेचक के दाग़। उसके मुताल्लिक़ सैंडो ने कहा : ये मेरा शागिर्द है। अपने उस्ताद के नक़्शे-क़दम पर चल रहा है। लाहौर की एक नामी तवाइफ़ की कुंवारी लड़की उस पर आशिक़ हो गई। बड़ी-बड़ी कंटी न्यूटिलियां मिलाई गईं। उसको फांसने के लिए, मगर उसने कहा डू आर डाई, मैं लंगोट का पक्का रहूंगा। एक 'तकिये' में बात-चीत, पीते-करते बाबू गोपीनाथ से मुलाक़ात हो गई। बस उस दिन से उनके साथ चिमटा हुआ है।

हर रोज़ क्रेवन ए का डब्बा और खाना मुक़र्रर है।

ये सुनकर गुलाम अली भी मुस्कुराता रहा।

गोल चेहरे वाली एक सुर्ख़ और सफ़ेद औरत थी। कमरे में दाख़िल होते

ही मैं समझ गया था कि वही कश्मीर की कबूतरी है जिसके बारे में सैंडो ने दफ़्तर में ज़िक्र किया था। बहुत साफ़ सुथरी औरत थी। बाल छोटे थे। ऐसा लगता था कटे हुए हैं। मगर वास्तव में ऐसा नहीं था। आंखें शफ़्फ़ाफ़ और चमकीली थीं। चेहरे के ख़ुतूत से साफ़ ज़ाहिर होता था कि बेहद अल्हड़ और नातजुर्बाकार है। सैंडो ने उससे परिचय कराते हुए कहा : "ज़ीनत बेगम। बाबू साहब प्यार से ज़ीनू कहते हैं। एक बड़ी खुर्रांट नायिका कश्मीर से ये सेब तोड़कर लाहौर ले आई। बाबू गोपीनाथ को अपनी सी आई डी से पता चला और एक रात ले उड़े। मुक़दमे बाज़ी हुई। लगभग दो महीने तक पुलिस ऐश करती रही। आख़िर बाबू साहब ने मुक़दमा जीत लिया और उसे यहां ले आए...धड़न तख़्ता।"

अब गहरे सांवले रंग की औरत बाक़ी रह गई थी जो ख़ामोश बैठी सिगरेट पी रही थी। आंखें सुर्ख़ थीं। जिनसे काफ़ी बेहयाई झलकती थी। बाबू गोपीनाथ ने उसकी तरफ़ इशारा किया और सैंडो ने कहा : "इसके मुताल्लिक़ भी कुछ हो जाए।"

सैंडो ने उस औरत की रान पर हाथ मारा और कहा : जनाब ये है टेन पोटी, फुल फोटी। मिसेज़ अब्दुर्रहीम सैंडो उर्फ़ सरदार बेगम...आप भी लाहौर की पैदावार हैं। सन् छत्तीस में मुझ से इश्क़ हुआ। दो वर्षों ही में मेरा धड़न तख़्ता कर के रख दिया। मैं लाहौर छोड़ कर भागा। बाबू गोपीनाथ ने उसे यहां बुलवा लिया है। ताकि मेरा दिल लगा रहे। उसको भी एक डब्बा क्रेवन ए का राशन में मिलता है। हर रोज़ शाम को ढाई रुपये का मोरफ़िया का इंजेक्शन लेती है। रंग काला है। मगर वैसे टिट फोर टैट किस्म की औरत है।"

सरदार ने एक अदा से सिर्फ इतना कहा : "बकवास न कर!" इस अदा में पेशावर की बनावट थी।

सबसे परिचय कराने के बाद सैंडो ने हस्बे आदत मेरी प्रशंसा के पुल बाधने शुरू कर दिए। मैं ने कहा : "छोड़ो यार। आओ कुछ बातें करें।"

सैंडो चिल्लाया : ब्वॉय। व्हिस्की एण्ड सोडा...

बाबू गोपीनाथ ने जेब में हाथ डाल कर सौ-सौ के नोटों का एक पुलन्दा निकाला और एक नोट सैंडो के हवाले कर दिया। सैंडो ने नोट लेकर उसकी तरफ़ गौर से देखा और खड़खड़ा कर कहा :

"ओ गॉड-ओ मेरे रब्बुलआलमीन-वो दिन कब आयेगा जब मैं भी लब लगा कर यों नोट निकाला करूं-जाओ भई गुलाम अली।दो बोतलें जॉनीवाकर सटल गोइंग स्ट्रांग की ले आओ।"

बोतलें आईं तो सबने पीना शुरू की। ये सिलसिला दो तीन घंटे तक जारी रहा।

इस दौरान में सब से ज़्यादा बातें हस्बेमामूल अब्दुर्रहीम ने कीं। पहला ग्लास एक ही सांस में ख़त्म कर के वो चिल्लाया : "धड़न तख़्ता मंटो साहब, व्हिस्की हो तो ऐसी। हलक़ से उतर कर पेट में "इंक़लाब, ज़िन्दाबाद" लिखती चली गई है–जियो बाबू गोपीनाथ! जियो।"

बाबू गोपीनाथ बेचारा ख़ामोश रहा। कभी-कभी अलबत्ता वो सैंडो की हां में हां मिला देता था। मैंने सोचा उस व्यक्ति की अपनी राय कोई नहीं है। दूसरा जो भी कहे मान लेता है। अंध-विश्वास का सबूत ग़फ़्फ़ार साईं मौजूद था जिसे वो सैंडो के अनुसार अपना लीगल एडवाइज़र बनाकर लाया था। सैंडो का इससे दरअसल ये मतलब था कि बाबू गोपीनाथ को उससे अक़ीदत थी। यों भी मुझे बातचीत के बीच मालूम हुआ कि लाहौर में उसका अक्सर वक़्त फ़क़ीरों और दरवेशों की सोहबत में कटता था। ये चीज़ मैंने ख़ासतौर पर नोट की कि वो खोया-खोया सा था, जैसे कुछ सोच रहा था। मैंने चुनांचे उससे एक बार कहा : "बाबू गोपीनाथ क्या सोच रहे हैं आप?"

वो चैंक पड़ा : "जी मैं–मैं–कुछ नहीं" ये कहकर वो मुस्कुराया और ज़ीनत की तरफ एक आशिक़ाना निगाह डाली : इन हसीनों के मुताल्लिक़ सोच रहा हूं–और हमें क्या सोच होगी।"

सैंडो ने कहा : बड़े ख़ाना-ख़राब हैं ये, मंटो साहब बड़े ख़ाना-ख़राब हैं–लाहौर की कोई ऐसी तवायफ़ नहीं जिसके साथ बाबू साहब की कंटी न्यूटली न रह चुकी हो।"

बाबू गोपीनाथ ने ये सुन कर बड़े भोंडे इंकिसार के साथ कहा : अब कमर में वो दम नहीं मंटो साहब।"

इसके बाद वाहियात गुफ़्तुगू शुरू हो गई। लाहौर की तवायफ़ों के सब घराने गिने गए। कौन डेरादार थी, कौन नटनी थी, कौन किसकी नोची थी, नथनी उतारने का बाबू गोपीनाथ ने क्या दिया था आदि। ये गुफ्तगू सरदार, सैंडो, ग़फ़्फ़ार साईं और गुलाम अली के दर्मियान होती रही। ठेठ लाहौर के कोठों की ज़बान में। मतलब तो मैं समझता रहा मगर कुछ बातें समझ में नहीं आईं।

ज़ीनत बिल्कुल ख़ामोश बैठी रही। कभी-कभी किसी बात पर मुस्कुरा देती। मगर मुझे ऐसा महसूस हुआ कि उसे इस गुफ्तगू से कोई दिलचस्पी नहीं थी। हल्की व्हिस्की का एक गिलास भी नहीं पिया। बिना किसी दिलचस्पी के सिगरेट भी पीती थी तो मालूम होता था, उसे तम्बाकू और उसके धुएं से

कोई लगाव नहीं। लेकिन लुत्फ ये है कि सबसे ज़्यादा सिगरेट उसी ने पिए। बाबू गोपीनाथ से उसे मुहब्बत थी, इसका पता मुझे किसी बात से न मिला। इतना स्पष्ट था कि बाबू गोपीनाथ को इसका काफी ख़्याल था क्योंकि ज़ीनत के आराम के लिए हर सामान मौजूद था। लेकिन एक बात मुझे महसूस हुई कि इन दोनों में कुछ अजीब सा खिंचाव था। मेरा मतलब है वो दोनों एक दूसरे के क़रीब होने के बजाये कुछ कटे हुए से मालूम होते थे।

आठ बजे के लगभग सरदार, डाक्टर मजीद के यहां चली गई। क्योंकि उसे मोरफिया का इंजेक्शन लेना था। ग़फ़्फ़ार साईं तीन पैग पीने के बाद अपनी तस्बीह उठ कर कालीन पर सो गया। गुलाम अली को होटल से खाना लेने के लिए भेज दिया गया। सैंडो ने अपनी दिलचस्प बकवास जब कुछ अर्से के लिए बन्द की तो बाबू गोपीनाथ ने जो अब नशे में था, ज़ीनत की तरफ वही आशिक़ाना निगाह डालकर कहा : मंटो साहब! मेरी ज़ीनत के मुताल्लिक़ आपका क्या ख़्याल है?"

मैंने सोचा क्या कहूं। जनत की तरफ़ देखा तो वो झेंप गई। मैंने ऐसे ही कह दिया :

"बड़ा नेक ख़्याल है।"

बाबू गोपीनाथ खुश हो गया। "मंटो साहब। है भी बड़ी नेक। खुदा की क़सम न ज़ेवर का शौक़ है न किसी और चीज़ का। मैंने कई बार कहा, जानेमन मकान बनवा दूं? जवाब क्या दिया, मालूम है आपको? क्या करूंगी मकान लेकर। मेरा कौन है–मंटो साहब मोटर कितने में आजायेगी।"

मैंने कहा "मुझे मालूम नहीं।"

बाबू गोपीनाथ ने ताज्जुब से कहा : क्या बात करते हैं आप मंटो साहब–आपको, और कारों की क़ीमत मालूम न हो। कल चलिये मेरे साथ, जीनू के लिए एक मोटर लेंगे। मैंने अब देखा हैं कि बम्बई में मोटर होनी ही चाहिए।" ज़ीनत का चेहरा रद्दे-अमल से ख़ाली रहा।

बाबू गोपीनाथ का नशा थोड़ी देर के बाद बहुत तेज़ हो गया। जज़्बात में बहकर उसने मुझसे कहा : मंटो साहब! आप बड़े लाइक़ आदमी हैं। मै तो बिल्कुल गधा हूं–लेकिन आप मुझे बताइये मैं आपकी क्या ख़िदमत कर सकता हूं। कल बातों-बातों में सैंडो ने आपका ज़िक्र किया। मैंने उसी वक़्त टैक्सी मंगवाई और उससे कहा : मुझे ले चले मंटो साहब के पास। मुझसे कोई गुस्ताख़ी हो गई हो तो माफ़ कर दीजियेगा। बहुत गुनहगार आदमी हूं। व्हिस्की

मंगाऊं आपके लिए और?''

मैंने कहा : ''नहीं-नहीं–बहुत पी चुके हैं।''

वो और ज़्यादा जज़्बाती हो गया : ''और पीजिए मंटो साहब!'' ये कह कर जेब से सौ–सौ के नोटों का पुलन्दा निकाला और एक नोट जुदा करने लगा। लेकिन मैंने सब नोट उसके हाथ से लिए और और वापस उसकी जेब में ठूंस दिए : ''सौ रुपये का एक नोट आपने गुलाम अली को दिया था। उसका क्या हुआ?''

मुझे दरअसल कुछ हमदर्दी सी हो गई थी बाबू गोपीनाथ से। कितने आदमी उस ग़रीब के साथ जोंक की तरह चिपटे हुए थे। मेरा ख़्याल था बाबू गोपीनाथ बिल्कुल गधा है। लेकिन वो मेरा इशारा समझ गया और मुस्कुराकर कहने लगा : ''मंटो साहब! इस नोट में से जो कुछ बाक़ी बचा, वो तो गुलाम की जेब से गिर पड़ेगा या–''

बाबू गोपीनाथ ने पूरा वाक्य भी अदा नहीं किया था कि गुलाम अली ने कमरे में दाख़िल होकर बड़े दुख के साथ ये इत्तला दी कि होटल में किसी हरामज़ादे ने उसकी जेब से सारे रुपये निकाल लिए। बाबू गोपीनाथ मेरी तरफ देखकर मुस्कुराया फिर सौ रुपये का एक नोट जेब से निकाल कर गुलाम अली को देकर कहा : ''जल्दी खाना ले आओ।''

पांच छ : मुलाक़ातों के बाद मुझे बाबू गोपीनाथ के सही व्यक्तित्व का पता चला। पूरी तरह तो ख़ैर इंसान किसी को भी नहीं जान सकता। लेकिन मुझे उसके बहुत से हालात मालूम हुए जो बेहद दिलचस्प थे।

पहले तो मैं ये कहना चाहता हूं कि मेरा ये ख़्याल कि वो परले दर्जे का चुग़द है, ग़लत साबित हुआ। उसको इसका पूरा एहसास था कि सैंडो, गुलाम अली और सरदार वगैरह जो उसके 'मसाहब' बने हुए थे, मतलबी इंसान हैं। वो उनसे झिड़कियां, गालियां सब सुनता था लेकिन गुस्से का इज़हार नहीं करता था। उसने मुझसे कहा : मंटो साहब! मैंने आज तक किसी का मश्वरा रद्द नहीं किया। जब भी कोई मुझे राय देता है, मैं कहता हूं सुब्हानल्लाह! वो मुझे बेवकूफ समझते हैं लेकिन मैं उन्हें अक़्लमंद समझता हूं। इसलिए कि उनमें कम से कम इतनी अक़्ल तो थी जो मुझ में ऐसी बेवकूफ़ी को शिनाख़्त कर लिया। जिनसे उनका उल्लू सीधा हो सकता है। बात दरअस्ल ये है कि मैं शुरू से फ़क़ीरों और कंजरों के साथ रहा हूं।

'मुझे उनसे कुछ मुहब्बत सी हो गई है। मैं उनके बिना नहीं रह सकता। मैंने सोच रखा है कि जब मेरी दौलत बिल्कुल खत्म हो जायेगी तो किसी

तकिये में जा बैठूंगा। रण्डी का कोठा और पीर का मज़ार। बस ये दो जगहें हैं जहां मेरे दिल को सकून मिलता है। रण्डी का कोठा तो छूट जायेगा। इसलिए कि जेब ख़ाली होने वाली है। लेकिन हिन्दुस्तान में हज़ारों पीर हैं। किसी एक के मज़ार में चला जाऊंगा।

मैंने उससे पूछा : "रण्डी के कोठे और तकिये आपको क्यों पसंद है?"

कुछ देर सोच कर उसने जवाब दिया : इसलिए कि इन दोनों जगहों पर फ़र्श से लेकर छत तक धोखा ही धोख होता है। जो आदमी खुद को धोखा देना चाहे इसके लिए इनसे अच्छा मक़ाम और क्या हो सकता है।"

मैंने एक और सवाल किया : "आपको तवायफों का गाना सुनने का शौक़ है? क्या आप संगीत की समझ रखते हैं?"

उसने जवाब दिया–बिलकुल बिल्कुल नहीं। और ये अच्छा है क्योंकि मैं 'कनसुरी' से कनसुरी तवायफ के यहां जाकर भी अपना सर हिला सकता हूं–मंटो साहब मुझे गाने से कोई दिलचस्पी नहीं। लेकिन जेब से दस या सौ रुपये का नोट निकाल कर गाने वाली को दिखाने में बहुत मज़ा आता है। नोट निकाला और उसको दिखाया। वो उसे लेने के लिए एक अदा से उठी। पास आई तो नोट जुराब में उड़स लिया। उसने झुककर उसे बाहर निकाला तो हम खुश हो गये। ऐसी बहुत फिज़ूल-फिज़ूल सी बातें हैं जो हम जैसे तमाशबीनों को पसंद हैं, वर्ना कौन नहीं जानता कि रण्डी के कोठे पर मां-बाप अपनी औलाद से पेशा कराते हैं और मक़बरों और तकियों में इंसान अपने ख़ुदा से।"

बाबू गोपीनाथ का 'शजरा-ए-नस्ब' तो मैं नहीं जानता। लेकिन इतना मालूम हुआ कि वो एक बहुत बड़े कंजूस बनिये का बेटा है। बाप के मरने पर उसे दस लाख रुपये की जायदाद मिली जो उसने अपनी इच्छा के अनुसार उड़ाना शुरू कर दी। बम्बई आते वक़्त वो अपने साथ पचास हज़ार रुपये लाया था। उस ज़माने में सब चीज़ें सस्ती थीं, लेकिन फिर भी हर रोज़ लगभग सौ-सवा सौ रुपये खर्च हो जाते थे।

ज़ीनू के लिए उसने फिएट मोटर ख़रीदी। याद नहीं रहा, लेकिन शायद तीन हज़ार रुपये में आई थी। एक ड्राइवर रखा लेकिन वो भी लफंगे टाइप का। बाबू गोपीनाथ को कुछ ऐसे ही आदमी पसंद थे।

हमारी मुलाक़ातों का सिलसिला बढ़ गया। बाबू गोपीनाथ से मुझे तो सिर्फ दिलचस्पी थी, लेकिन उसे मुझसे कुछ अक़ीदत हो गई थी। यही वजह है कि दूसरों से कहीं ज़्यादा इज़्ज़त करता था।

एक दिन शाम के समय जब मैं फ्लैट पर गया तो मुझे वहां शफ़ीक़ को देखकर सख़्त हैरानो हुई। मुहम्मद शफ़ीक़ तोसी कहूं तो शायद आप समझ लें कि मेरी मुराद किस आदमी से हैं। यों तो शफ़ीक़ काफी मशहूर आदमी है। कुछ अपनी 'जिद्दत तराज़' गाइकी के कारण और कुछ अपनी रंगीन तबीयत की बदौलत। लेकिन उसकी ज़िन्दगी का एक हिस्सा अक्सरियत से पोशीदा है। बहुत कम आदमी जानते हैं कि तीन सगी बहनों के बारी-बारी तीन-तीन चार-चार साल के वक़्फ़े के बाद दाश्ता बनाने से पहले उसका ताल्लुक़ उसकी मां से भी था। ये बहुत कम लोग जानते हैं कि उसकी अपनी पहली बीवी जो थोड़े ही अर्से में मर गई थी, इसलिए पसंद नहीं थी कि उसमें तवाइफ़ों के ग़मज़े और अश्वे नहीं थे। लेकिन ये तो ख़ैर हर आदमी जो शफ़ीक़ तोसी से थोड़ी बहुत वाक़फियत भी रखता है, जानता है कि चालीस बरस (ये उस समय की उम्र है) की उम्र में सैकड़ों तवाइफों ने उसे रखा। अच्छे से अच्छा कपड़ा पहना। उम्दा से उम्दा खाना खाया। नफ़ीस से नफ़ीस मोटर रखी। मगर उसने अपनी गिरेह से किसी तवाइफ पर एक दमड़ी भी खर्च न की।

औरतों के लिए ख़ास तौर पर जो कि पेशावर हों, उसकी तबीयत जिसमें मीरासियों के मज़ाक़ की झलक थीं, बहुत ही जाज़िब (आकर्षक) नज़र थी। वो कोशिश के बिना उनको अपनी तरफ़ खींच लेता था,

मैंने जब उसे जीनत से हंस-हंस कर बातें करते देखा तो मुझे इसलिए हैरत न हुई कि वो ऐसा क्यों कर रहा है, मैंने सिर्फ ये सोचा कि वो दफ़अतन यहां पहुंचा कैसे। एक सैंडो उसे जानता था। मगर उनकी बोल चाल तो एक अर्से से बन्द थी। लेकिन बाद में मुझे मालूम हुआ कि सैंडो ही उसे लाया था। उन दोनों में सुलह सफ़ाई हो गई थी।

बाबू गोपीनाथ एक तरफ बैठा हुक़्क़ा पी रहा था। मैंने शायद उससे पहले ज़िक्र नहीं किया, वो सिगरेट बिल्कुल नहीं पीता था। मुहम्मद शफ़ीक़ तोसी मीरासियों के लतीफे सुना रहा था, जिसमें ज़ीनत किसी क़दर कम और सरदार बहुत ज़्यादा दिलचस्पी ले रही थी। शफ़ीक़ ने मुझे देखा और कहा : ओ बिस्मिल्लाह। बिस्मिल्लाह! क्या आपका गुज़र भी इस वादी में होता है?''

सैंडो ने कहा : ''तशरीफ़ ले आइये इज़राईल साहब। यहां धड़न तख़्ता'' मैं उसका मतलब समझ गया।

थोड़ी देर गपबाज़ी होती रही। मैंने नोट किया कि ज़ीनत और शफ़ीक़ तोसी की निगाहें आपस में टकरा कर कुछ और भी कह रही हैं। ज़ीनत इस

फन में बिल्कुल कोरी थी। लेकिन शफ़ीक़ की महारत ज़ीनत की कमियों को छुपाती रही। सरदार, दोनों की निगाह बाज़ी को कुछ इस अंदाज़ से देख रही थी जैसे ख़लीफ़े अखाड़े से बाहर बैठ कर अपने पटठों के दाँव-पेच को देखते हैं।

इस दौरान में, मै भी ज़ीनत से काफी बेतकल्लुफ़ हो गया था। वो भी मुझे भाई कहती थी जिस पर मुझे एतराज़ नहीं था। अच्छी मिलनसार तबीयत की थी। कम बोलने वाली। सादे क़िस्म की, साफ सुथरी।

शफ़ीक़ से मुझे उसकी निगाहबाज़ी पसंद नहीं आई थी। अव्वल तो उसमें भोंडापन था। इसके इलावा...कुछ यों कहिये कि इस बात का भी उसमें दखल था कि वो मुझे भाई कहती थीं। शफ़ीक़ और सैण्डो उठ कर बाहर गए तो मैंने शायद बड़ी बेरहमी के साथ उससे निगाहबाज़ी के मुताल्लिक़ पूछा, क्योंकि फौरन उसकी आंखों में ये मोटे-मोटे आंसू आ गए और रोती-रोती वो दूसरे कमरे में चली गई। बाबू गोपीनाथ जो एक कोने में बैठा हुक्का पी रहा था, उठकर तेज़ी से उसके पीछे गया। सरदार ने आंखों ही आंखों में कुछ कहा, लेकिन मैं मतलब न समझा। थोड़ी देर के बाद बाबू गोपीनाथ कमरे से बाहर निकला और ''आइये मंटो साहब'' कह कर मुझे अपने साथ अन्दर ले गया।

ज़ीनत पलंग पर बैठी थी। मैं अन्दर दाख़िल हुआ तो वो दोनों हाथ से मुंह ढांप कर लेट गई। मैं और बाबू गोपीनाथ, दोनों पलंग के पास कुर्सियों पर बैठ गए। बाबू गोपीनाथ ने बड़ी संजीदगी के साथ कहना शुरू किया : ''मंटो साहब! मुझे इस औरत से बहुत मुहब्बत है। दो बरस से मेरे पास है। मैं हज़रत ग़ौसे आज़म जीलानी की क़सम खाकर कहता हूं कि इसने मुझे कभी शिकायत का मौक़ा नहीं दिया। इसकी दूसरी बहनें, मेरा मतलब है इस पेशे की दूसरी औरतें दोनों हाथों से मुझे लूट कर खाती रहीं मगर इसने कभी ज़्यादा पैसा मुझ से नहीं लिया, मैं अगर किसी दूसरी औरत के यहां हफ़्तों पड़ा रहा तो इस ग़रीब ने अपना कोई ज़ेवर गिरवी रख कर अपना गुज़ारा किया, मैं जैसा कि एक बार आपसे कह चुका हूं बहुत जल्द इस दुनिया से किनाराकश होने वाला हूं। मेरी दौलत अब कुछ दिन की मेहमान है। मैं नहीं चाहता इसकी ज़िन्दगी ख़राब हो। मैंने लाहौर में इसको बहुत समझाया कि तुम दूसरी तवायफ़ों की तरफ देखो, जो कुछ वो करती हैं, सीखो। मैं आज दौलतमन्द हूं। कल मुझे भिखारी होना ही है। तुम लोगों की ज़िन्दगी में सिर्फ एक दौलतमन्द काफी नहीं। मेरे बाद तुम किसी और को नहीं फांसोगी तो काम नहीं चलेगा। लेकिन मंटो साहब इसने मेरी एक न सुनी। सारा दिन शरीफ़ज़ादियों की तरह घर में बैठी रहती।

मैंने ग़फ़्फ़ार साईं से मश्वरा किया। उसने कहा बम्बई ले जाओ इसे। मुझे मालूम था उसने ऐसा क्यों कहा। बम्बई में उसकी दो जानने वाली तवायफें एक्ट्रेसें बनी हुई हैं। लेकिन मैंने सोचा बम्बई ठीक है। दो महीने हो गए हैं इसे यहां लाए हुए सरदार को लाहौर से बुलाया है कि इसको सब गुर सिखाए। ग़फ़्फ़ार साईं से भी ये बहुत गुर सीख सकती है। यहां मुझे कोई नहीं जानता। इसको ये ख़्याल था कि बाबू तुम्हारी बेइज़्ज़ती होगी। मैंने तुम्हें मोटर ले दी है। कोई अच्छा आदमी तलाश कर लो–मंटो साहब! मैं खुदा की क़सम खाकर कहता हूं मेरी दिली ख़्वाहिश है कि ये अपने पैरों पर खड़ी हो जाए, अच्छी तरह होशियार हो जाए। मैं इसके नाम आज ही बैंक में दस हज़ार रुपया जमा कराने को तैयार हूं। मगर मुझे मालूम है दस दिन के अन्दर-अन्दर यह बाहर बैठी होगी। सरदार इसकी एक-एक पाई अपनी जेब में डाल लेगी। आप भी इसे समझाइये कि चालाक बनने की कोशिश करे। जब से मोटर ख़रीदी है, सरदार इसे हर रोज़ अपोलो बन्दर ले जाती है लेकिन अभी तक कामयाबी नहीं हुई। सैंडो आज बड़ी मुश्किलों से मुहम्मद शफ़ीक़ को यहां लाया है। आपका क्या ख़्याल है इसके मुताल्लिक़।

मैंने अपना ख़्याल ज़ाहिर करना मुनासिब न समझा, लेकिन बाबू गोपीनाथ ने खुद ही कहा : अच्छा खाता-पीता मालूम होता है और खूबसूरत भी है–क्यों ज़ीनू जानी–पसंद है तुम्हें?"

ज़ीनू ख़ामोश रही।

बाबू गोपीनाथ से जब मुझे ज़ीनत को बम्बई लाने के कारण का पता चला तो मेरा दिमाग़ चकरा गया। मुझे यक़ीन न आया ऐसा भी हो सकता है। लेकिन बाद में मुशाहिदे ने मेरी हैरत दूर कर दी। बाबू गोपीनाथ की दिली आरज़ू थी कि ज़ीनत बम्बई में किसी अच्छे मालदार आदमी की दाश्ता बन जाये या ऐसे तरीक़े सीख जाये जिससे वो मुख़्तलिफ़ आदमियों से रुपये वसूल करते रहने में कामयाब हो सके।

ज़ीनत से अगर सिर्फ छुटकारा ही हासिल करना होता तो ये कोई इतनी मुश्किल चीज़ नहीं थी। बाबू गोपीनाथ एक ही दिन में ये काम कर सकता था। चूंकि उसकी नीयत नेक थी, इसलिए उसने ज़ीनत के भविष्य के लिए हर मुमकिन कोशिश की। उसको एक्ट्रेस बनाने के लिए उसने कई जाली डायरेक्टरों की दावतें कीं। घर में टेलीफोन लगवाया। लेकिन ऊंट किसी करवट न बैठा।

मुहम्मद शफ़ीक़ तोसी लगभग डेढ़ महीना आता रहा। कई रातें भी

उसने ज़ीनत के साथ बसर कीं, लेकिन वो ऐसा आदमी नहीं था जो किसी औरत का सहारा बन सके। बाबू गोपीनाथ ने एक रोज़ अफ़्सोस और रंज के साथ कहा : शफ़ीक़ साहब तो ख़ाली-ख़ाली जेन्टलमैन ही निकले। ठस्सा देखिये, बेचारी ज़ीनत से चार चादरें छ : तकिये के ग़िलाफ़ और दो सौ रुपये नक़द हथिया कर ले गये। सुना है एक लड़की अल्मास से इश्क़ लड़ा रहे हैं।

ये दुरुस्त था। अल्मास, नज़ीर जान पटियाले वाले की सब से छोटी और आख़िरी लड़की थी। इससे पहले तीन बहनें शफ़ीक़ की दाश्ता रह चुकी थीं। दो सौ रुपये जो उसने ज़ीनत से लिए थे मुझे मालूम है, अल्मास पर खर्च हुए थे। बहनों के साथ लड़-झगड़ कर अल्मास ने ज़हर खा लिया था।

मुहम्मद शफ़ीक़ तोसी ने जब आना जाना बन्द कर दिया तो ज़ीनत ने कई बार मुझे टेलीफोन किया और कहा उसे ढूंढ कर मेरे पास लाइये। मैंने उसे तलाश किया, लेकिन किसी को उसका पता नहीं था कि वो कहां रहता है। एक रोज़ इत्तेफाक से रेडियो स्टेशन पर मुलाक़ात हुई। सख़्त परेशानी के आलम में था। जब मैंने उससे कहा कि तुम्हें ज़ीनत बुलाती है तो उसने जवाब दिया कि मुझे ये पैगाम और ज़रियों से मिल चुका है। अफ़्सोस है, आजकल मुझे बिल्कुल फुर्सत नहीं। ज़ीनत बहुत अच्छी औरत है लेकिन अफ़्सोस है कि बेहद शरीफ़ है—ऐसी औरतों से जो बीवियों जैसी लगें मुझे कोई दिलचस्पी नहीं।''

शफ़ीक़ से मायूसी हुई तो ज़ीनत ने सरदार के साथ फिर अपोलो बन्दर जाना शुरू किया। पन्द्रह दिनों में बड़ी मुश्किल से कई गैलन पेट्रोल फूंकने के बाद सरदार ने दो आदमी फांसे। उनसे ज़ीनत को चार सौ रुपये मिले। बाबू गोपीनाथ ने समझा कि हालात उमीद अफ़्ज़ा हैं। क्योंकि उनमें से एक ने जो रेशमी कपड़ों के मिल का मालिक था, ज़ीनत से कहा था कि मैं तुमसे शादी करूंगा। एक महीना बीत गया लेकिन ये आदमी फिर ज़ीनत के पास न आया।

एक रोज़ मैं जाने किस काम से हारबनी रोड पर जा रहा था कि मुझे फुटपाथ के पास ज़ीनत की मोटर खड़ी नज़र आई। पिछली सीट पर मुहम्मद यासीन बैठा था। नगीना होटल का मालिक। मैंने उससे पूछा : "यह मोटर तुमने कहां से ली?''

यासीन मुस्कुराया : "तुम जानते हो मोटर वाली को?''

मैंने कहा : "जानता हूं।''

"तो बस समझ लो मेरे पास कैसे आई–अच्छी लड़की है यार!" यासीन ने मुझे आंख मारी। मैं मुस्कुरा दिया।

इसके चौथे दिन बाबू गोपीनाथ टैक्सी पर मेरे दफ्तर में आया। उससे मुझे मालूम हुआ कि ज़ीनत से यासीन की मुलाक़ात कैसे हुई। एक शाम अपोलो बन्दर से एक आदमी लेकर सरदार और ज़ीनत नगीना होटल गईं। वो आदमी तो किसी बात पर झगड़ कर चला गया, लेकिन होटल के मालिक से ज़ीनत की दोस्ती हो गई।

बाबू गोपीनाथ संतुष्ट था क्योंकि दस पन्द्रह रोज की दोस्ती के दौरान में यासीन ने ज़ीनत को छ : बहुत ही उम्दा और कीमती साड़ियां ले दी थीं। बाबू गोपीनाथ अब ये सोच रहा था कुछ दिन और गुज़र जायें, ज़ीनत और यासीन की दोस्ती और मजबूत हो जाए तो लाहौर वापस चला जाए–मगर ऐसा न हुआ।

नगीना होटल में एक क्रिश्चियन औरत ने कमरा किराये पर लिया। उसकी जवान लड़की मेमोरियल से यासीन की आंख लड़ गई। चुनांचे ज़ीनत बेचारी होटल में बैठी रहती और यासीन उसकी मोटर में सुबह शाम उस लड़की को घुमाता रहता। बाबू गोपीनाथ को इसका इल्म होने पर दुख हुआ। उसने मुझ से कहा :

"मंटो साहब ये कैसे लोग हैं। भाई दिल उचाट हो गया तो साफ कह दो। लेकिन ज़ीनत भी अजीब है। अच्छी तरह मालूम है। क्या हो रहा है। मगर मुंह से इतना भी नहीं कहती, मियां! अगर तुमने उस क्रिस्टान छोकरी से इश्क लड़ाना है तो अपनी मोटर कार का बन्दोबस्त करो, मेरी मोटर क्यों इस्तेमाल करते हो। मैं क्या करूं मंटो साहब! बड़ी शरीफ नेकबख़्त औरत है। कुछ समझ में नहीं आता–थोड़ी सी चालाक तो बनना चाहिए।

यासीन से ताल्लुक़ न रहने पर ज़ीनत ने कोई सदमा महसूस न किया।

बहुत दिनों तक कोई नई घटना घटित न हुई। एक दिन टेलीफोन किया तो मालूम हुआ बाबू गोपीनाथ, ग़ुलाम अली और ग़फ़्फ़ार साईं के साथ लाहौर चला गया है। रुपये का बन्दोबस्त करने। क्योंकि पच्चास हज़ार ख़त्म हो गये थे। जाते वक़्त वो ज़ीनत से कह गया था कि उसे लाहौर में ज़्यादा दिन लगेंगे। क्योंकि उसे कुछ मकान बेचने पड़ेंगे।

सरदार को मोरफियों के टीकों की ज़रूरत थी। सैंडो को पोल्सन मक्खन की। चुनांचे दोनों ने एक साथ कोशिश की और हर रोज़ दो-तीन आदमी फांस कर ले आते। ज़ीनत से कहा गया कि बाबू गोपीनाथ, वापस नहीं आएगा, इसलिए

उसे अपनी फिक्र करनी चाहिए। सौ सवा सौ रुपये रोज के हो जाते। जिनमें से आधे ज़ीनत को मिलते। बाक़ी सैडों और सरदार दबा लेते।

मैंने एक दिन ज़ीनत से कहा : ये तुम क्या कर रही हो। उसने बड़े अल्हड़पन से कहा : मुझे कुछ मालूम नहीं है भाई जान। ये लोग जो कुछ कहते हैं मान लेती हूं।

जी चाहा कि बहुत देर पास बैठ कर समझाऊं कि जो कुछ तुम कर रही हो, ठीक नहीं। सैंडो और सरदार अपना उल्लू सीधा करने के लिए तुम्हें बेच भी डालेंगे, मगर मैंने कुछ न कहा। ज़ीनत उकता देने वाली हद तक नासमझ, बेउमंग और बेजान औरत थी। इस कमबख़्त को अपनी ज़िन्दगी की क़दरो–क़ीमत ही मालूम नहीं थी। जिस्म बेचती मगर उसमें बेचने वालों का कोई अंदाज़ तो होता। वल्लाह मुझे बहुत कोफ़्त होती थी उसे देख कर सिगरेट से, शराब से, खाने से, घर से, टेलीफाने से, यहां तक कि इस सोफे से भी जिस पर वो अक्सर लेटी रहती थी, उसे कोई दिलचस्पी न थी।

बाबू गोपीनाथ पूरे एक महीने के बाद लौटा। वहां गया तो वहां फ्लैट में कोई और ही था। सैंडो और सरदार के मश्वरे से ज़ीनत ने बान्द्रा में एक बंगले का ऊपर का हिस्सा किराये पर ले लिया था। बाबू गोपीनाथ मेरे पास आया तो मैंने उसे पूरा पता बता दिया। उसने मुझ से ज़ीनत के मुताल्लिक़ पूछा जो कुछ मुझे मालूम था, मैंने कह दिया। लेकिन ये न कहा कि सैंडो और सरदार उससे पेशा करा रहे हैं।

बाबू गोपीनाथ इस बार दस हज़ार रुपया अपने साथ लाया था। जो उसने बड़ी मुश्किलों से हासिल किया था। गुलाम अली और गफ़्फ़ार साईं को वो लाहौर ही छोड़ आया था। टैक्सी नीचे खड़ी थी। बाबू गोपीनाथ ने ज़िद किया कि मैं भी उसके साथ चलूं।

लगभग एक घंटे में ही बान्द्रा पहुंच गए। पाली हिल पर टैक्सी चढ़ रही थी कि सामने तंग सड़क पर सैंडो दिखाई दिया। बाबू गोपीनाथ ने ज़ोर से पुकारा : ''सैंडो।''

सैंडो ने जब बाबू गोपीनाथ को देखा उसके मुंह से सिर्फ इतना निकला। धड़न तख़्ता।

बाबू गोपीनाथ ने जवाब दिया : हैदराबाद सिंध का एक दौलतमंद ज़मीनदार है। खुदा करे वो खुश रहें। ये भी अच्छा हुआ जो मैं ऐन वक्त पर आ पहुंचा। जो रुपये मेरे पास हैं, इन से ज़ीनू का ज़ेवर बन जाएगा–क्यों, क्या ख़्याल है आपका?''

मेरे दिमाग़ में इस वक़्त कोई ख़्याल न था। मैं सोच रहा था कि ये हैदराबाद सिंध का दौलतमंद ज़मीनदार कौन है, सैंडो और सरदार की कोई जालसाजी तो नहीं। लेकिन बाद में इसकी तस्दीक़ हो गई कि वह वास्तव में हैद्राबाद का अमीर ज़मीनदार है जो हैद्राबाद, सिंध ही के एक म्यूजिक़ टीचर द्वारा ज़ीनत से परिचित हुआ। ये म्युज़िक टीचर ज़ीनत को गाना सिखाने की बेसूद कोशिश किया करता था। एक दिन वो अपने मुरब्बी गुलाम हुसैन (ये उस हैदराबाद सिंध के रईस का नाम था) को साथ लेकर आया। ज़ीनत ने ख़ूब ख़ातिर मदारात की। गुलाम हुसैन की पुरज़ोर फ़रमाइश पर उसने ग़ालिब की ग़ज़ल 'नुक्ता चीं है ग़मे दिल उसको सुनाए न बने' गाकर सुनाई। गुलाम हुसैन सौ जान से उस पर फरेफ़्ता हो गया। इसका ज़िक्र म्युज़िक टीचर ने ज़ीनत से किया। सरदार और सैंडो ने मिल कर मामला पक्का कर दिया और शादी तै हो गई।

बाबू गोपानाथ खुश था। एक दफ़ा सैंडो के दोस्त की हैसियत से वो ज़ीनत के यहां गया। गुलाम हुसैन से उसकी मुलाक़ात हुई। उस से मिल कर बाबू गोपीनाथ की खुशी दोगुनी हो गई। मुझसे उसने कहा : मंटो साहब : ख़ूबसूरत, नौजवान और बड़ा लायक़ आदमी है। मैंने यहां आते हुए दाता गंज बख़्श के हुज़ूर जाकर दुआ मांगी थी। जो क़बूल हुई। भगवान करे दोनों खुश रहें।''

बाबू गोपीनाथ ने बड़े खुलूस और बड़ी तवज्जो से ज़ीनत की शादी का इंतेज़ाम किया। दो हज़ार के ज़ेवर और दो हज़ार के कपड़े बनवा दिये और पांच हज़ार नग़द दिया। मुहम्मद शफ़ीक़ तोसी, मुहम्मद यासीन प्रोपराइटर नगीना होटल, सैंडो, म्युज़िक टीचर, मैं और गोपीनाथ शादी में शामिल थे। दुल्हन की तरफ़ से सैंडो वकील थे।

ईजाब क़बूल हुआ तो सैंडो ने आहिस्ता से कहा : धड़न तख़्ता।''

गुलाम हुसैन सर्ज का नीला सूट पहने था। सबने उसको मुबारकबाद दी। जो उसने मुस्कुराकर क़बूल की। काफ़ी वजीह आदमी था। बाबू गोपीनाथ उसके मुक़ाबले में उसके सामने छोटी सी बटेर मालूम होता था।

शादी की दावतों पर खाने-पीने का जो भी सामान होता हैं, बाबू गोपीनाथ ने मुहैया किया था। दावत से जब लोग फ़ारिग़ हुए तो बाबू गोपीनाथ ने सब के हाथ धुलवाये! मैं जब हाथ धोने के लिए आया तो उसने मुझ से बच्चों के अंदाज़ से कहा : ''मंटो साहब! ज़रा अन्दर जाइये और देखिये ज़ीनू दुल्हन के लिबास में कैसी लगती है।''

मैं परदा हटा कर अन्दर दाख़िल हुआ। ज़ीनत सुर्ख ज़रबफ़्त का शल्वार-कुर्ता पहने थी। दोपट्टा भी उसी रंग का था जिस पर गोट लगी थी, चेहरे पर हल्का हल्का मेकअप था हालांकि मुझे होंठों पर लिपिस्टिक की सुर्ख़ी बहुत बुरी मालूम होती है मगर ज़ीनत के होंठ सजे हुए थे। उसने शर्माकर मुझे आदाब किया तो बहुत प्यारी लगी। लेकिन जब मैंने दूसरे कोने में एक मसहरी देखी जिस पर फूल ही फूल थे तो मुझे बेइख़्तियार हंसी आ गई। मैंने ज़ीनत से कहा क्या 'यह क्या मसख़रापन है।'

ज़ीनत ने मेरी तरफ़ बिल्कुल मासूम कबूतरी की तरह देखा : "आप मज़ाक करते हैं भाई जान!" उसने ये कहा और आंखों में आंसू डबडबा आये।

मुझे अभी ग़लती का एहसास भी न हुआ था कि बाबू गोपीनाथ अन्दर दाख़िल हुआ। बड़े प्यार के साथ उसने अपने रूमाल के साथ ज़ीनत के आंसू पोंछे और बड़े दुख के साथ मुझसे कहा–"मंटो साहब! मैं समझता था कि आप बड़े समझदार और लायक़ आदमी हैं–ज़ीनू का मज़ाक उड़ाने से पहले आपने कुछ तो सोच लिया होता।"

बाबू गोपीनाथ के लहजे में वो अक़ीदत जो उसे मुझ से थी, ज़ख़्मी नज़र आई। लेकिन इससे पहले कि मैं उस से माफी मांगू, उसने ज़ीनत के सर पर हाथ फेरा और बड़े ख़ुलूस के साथ कहा : "ख़ुदा तुम्हें ख़ुश रखे।"

ये कह कर बाबू गोपीनाथ ने भीगी हुई आंखों से मेरी तरफ़ देखा। इनमें मलामत थी–बहुत ही दुख भरी मलामत–और चला गया।

मेरा नाम राधा है

ये उस समय की बात है जब इस जंग का नामोनिशान भी नहीं था। शायद आठ नौ बरस पहले की बात है। जब ज़िन्दगी में हंगामे बड़े सलीक़े से आते थे। आज कल की तरह नहीं। बेहंगम तरीक़े पर लगातार हादसे हो रहे हैं, किसी ठोस कारण के बिना।

उस समय मैं चालीस रुपया माहवार पर एक फिल्म कम्पनी में मुलाज़िम था। और मेरी ज़िन्दगी बड़े हमवार तरीक़े से गुज़र रही थी। यानी सुबह दस बजे स्टूडियो गये। नियाज़ मुहम्मद विलेन की बिल्लियों को दो पैसे का दूध पिलाया। चालू फिल्म के लिए चालू क़िस्म के संवाद लिखे। बंगाली एक्ट्रेस से जो उस ज़माने में बुलबुले-बंगाल कहलाती थी, थोड़ी देर मज़ाक़ किया और दादा 'गौरे' की जो उस समय का सबसे बड़ा फ़िल्म डायरेक्टर था, थोड़ी सी ख़ुशामद की और घर चले आए।

जैसा कि मैं अर्ज़ कर चुका हूं, ज़िन्दगी बड़े हमवार तरीक़े पर गुज़र रही थी। स्टूडियो का मालिक हरमज़जी फराम जी जो मोटे-मोटे लाल गालों वाला मौजी क़िस्म का ईरानी था, एक अधेड़ उम्र की ख़ूजा एक्ट्रेस की मुहब्बत में गिरफ़्तार था। हर नई लड़की की छाती टटोल कर देखना उसका काम था। कलकत्ता के बहू बाज़ार की एक मुसलमान रंडी थी जो अपने डायरेक्टर, साउण्ड रिकार्डिस्ट और स्टोरी राइटर तीनों से एक ही समय इश्क़ लड़ा रही थी। इस इश्क़ का मतलब यह था कि इन तीनों का प्रेम उसके लिए ख़ासतौर पर सुरक्षित रहे।

"बन की सुन्दरी" की शूटिंग चल रही थी। नियाज़ मुहम्मद विलेन की जंगली बिल्लियों को, जो उसने ख़ुदा मालूम स्टूडियो के लोगों पर क्या असर

पैदा करने के लिए पाल रखी थी, दो रुपये का दूध पिलाकर मैं हर रोज़ इस ''बन की सुन्दरी'' के लिए एक ग़ैर मानूस ज़बान में संवाद लिखा करता था। इस फिल्म की कहानी क्या थी, प्लॉट कैसा था! इसका इल्म जैसा कि ज़ाहिर है, मुझे बिल्कुल नहीं था। क्योंकि मैं उस ज़माने में एक मुंशी था जिसका काम सिर्फ हुक्म मिलने पर जो कुछ कहा जाए ग़लत-सलत उर्दू में, जो डायरेक्टर साहब की समझ में आ जाए, पेन्सिल से एक कागज़ पर लिख कर देना होता था। ख़ैर ''बन की सुन्दरी'' की शूटिंग चल रही थी और यह अफ़वाह गर्म थी कि वैम्प का पार्ट अदा करने के लिए एक नया चेहरा सेठ हरमज़ जी फराम जी कहीं से ला रहे हैं। हीरो का पार्ट राजकिशोर को दिया गया था।

राजकिशोर रावलपिंडी का एक खुशशक्ल और सेहतमंद नौजवान था। इसके जिस्म के मुताल्लिक़ लोगों का यह ख़्याल था कि बहुत मर्दाना और सुडौल है। मैंने कई मर्तबा इसके मुताल्लिक़ गौर किया मगर मुझे उसके जिस्म में जो यक़ीनन कसरती और मुतनासिब था, कोई कशिश नज़र नहीं आई। मगर उसकी वजह ये भी हो सकती है कि मैं बहुत दुबला और मरियल क़िस्म का इंसान हूं और अपने हम जिंसों के मुताल्लिक़ सोचने का आदी हूं।

मुझे राजकिशोर से नफ़रत नहीं थी, इसलिए कि मैंने अपनी उम्र में शायद ही किसी इंसान से नफ़रत की हो, मगर वो मुझे कुछ ज़्यादा पसंद नहीं था। इसका कारण में धीरे-धीरे आपसे बयान करूंगा।

राजकिशोर की ज़बान उसका लबो लहजा जो ठेठ रावलपिंडी का था। मुझे बेहद पसंद था। मेरा ख़्याल है कि पंजाबी ज़बान में अगर कहीं ख़ूबसूरत क़िस्म की शीरनी मिलती है तो रावलपिंडी की ज़बान ही में आपको मिल सकती है। उस शहर की ज़बान में एक अजीब क़िस्म की मर्दाना मासूमियत है। जिसमें बैक वक़्त मिठास है और घुलावट भी। अगर रावलपिंडी की कोई औरत आप से बात करे तो ऐसा लगता है कि लज़ीज़ आम का रस आप के मुंह में चुआया जा रहा है। मगर मैं आमों की नहीं राजकिशोर की बात कर रहा हूं। जो मुझे आम से बहुत कम अज़ीज़ था।

राजकिशोर जैसा कि मैं अर्ज कर चुका हूं एक खुश शक्ल और सेहतमंद नौजवान था। यहां तक बात ख़त्म हो जाती तो मुझे कोई एतराज़ न होता मगर मुसीबत यह है कि उसे यानी किशोर को खुद अपनी सेहत और खुश शक्ल होने का एहसास था। ऐसा एहसास जो कम से कम मेरे लिए अमान्य था।

सेहतमंद होना बहुत अच्छी चीज़ है मगर दूसरों पर अपनी सेहत को बीमारी बनाकर लागू करना बिल्कुल दूसरी चीज़ है, राजकिशोर को यही मर्ज़

था कि वो अपनी सेहत अपनी तन्दुरुस्ती, अपने सुडौल अंगों की अनावश्यक नुमाइश के ज़रिये हमेशा दूसरे लोगों को जो उससे कम सेहतमंद थे, प्रभावित करने की कोशिश में मसरूफ़ रहता था।

इसमें कोई शक नहीं कि मैं मरीज़ हूं, कमज़ोर हूं, मेरे एक फेफड़े में हवा खींचने की ताक़त बहुत कम है मगर खुदा गवाह है कि मैंने आज तक इस कमज़ोरी का कभी प्रोपेगन्डा नहीं किया, हालांकि मुझे इसका पूरी तरह इल्म है कि इंसान अपनी कमज़ोरियों से इसी तरह फायदा उठा सकता है जिस तरह कि अपनी ताक़तों से उठा सकता है। मगर मेरा ईमान है कि हमें ऐसा नहीं करना चाहिए।

ख़ूबसूरती मेरे नज़दीक वो ख़ूबसूरती है जिसकी दूसरे बुलन्द आवाज़ में नहीं बल्कि दिल ही दिल में तारीफ़ करें।

मैं उस सेहत को बीमारी समझता हूं जो निगाहों के हाथ पत्थर बन कर टकराती रहे। राजकिशोर में वो तमाम ख़ूबसूरतियां मौजूद थीं जो एक नौजवान मर्द में होनी चाहिए, मगर मुझे अफ़सोस है कि उसे ख़ूबसूरतियों का निहायत ही भोंडा मुज़ाहिरा करने की आदत थी। आप से बात कर रहा है और अपने एक बाज़ू के पुट्ठे अकड़ा रहा है, और ख़ुद ही दाद दे रहा है। निहायत ही अहम गुफ़्तुगू हो रही है। यानी स्वराज का मसला छिड़ा है और वो अपने खादी के कुर्ते के बटन खोल कर अपने सीने की चौड़ाई का अंदाज़ा कर रहा है।

मैंने खादी के कुर्ते का ज़िक्र किया तो मुझे याद आया कि राजकिशोर पक्का कांग्रेसी था। हो सकता है वो इसी वजह से खादी के कपड़ा पहनता हो, मगर मेरे दिल में हमेशा इस बात की खटक रही है कि उसे अपने वतन से इतना प्यार नहीं था जितना कि उसे स्वयं से था।

बहुत लोगों का ख़्याल था कि राज किशोर के मुताल्लिक़ जो मैंने राय क़ायम की है, सरासर ग़लत है। इसलिए कि स्टूडियो और स्टूडियो के बाहर प्रत्येक व्यक्ति उसका फैन था। उसके जिस्म का। उसके ख़्यालात का। उसकी सादगी का, उसकी भाषा का, जो ख़ास रावलपिंडी की थी और मुझे भी पसंद थी।

दूसरे एक्टरों की तरह वो अलग-थलग रहने का आदी नहीं था। कांग्रेस पार्टी का कोई जलसा हो तो राजकिशोर को आप वहां ज़रूर पाएंगे। कोई साहित्यक मीटिंग हो रही हो तो राजकिशोर वहां ज़रूर पहुंचेगा। अपनी मसरूफ़ ज़िन्दगी में से वो अपने पड़ोसियों और मामूली जान-पहचान के लोगों के दुख-दर्द में सम्मिलित होने के लिए भी वक़्त निकाल लिया करता था। सब

फिल्म प्रोड्यूसर उसकी इज़्ज़त करते थे। क्योंकि उसके 'कैरेक्टर' की पवित्रता की बहुत शुहरत थी। फिल्म प्रोड्यूसरों को छोड़िये, पब्लिक को भी इस बात की अच्छी तरह जानकारी थी कि राजकिशोर एक बहुत बड़े व्यक्तित्व का मालिक है।

फिल्मी दुनिया में रहकर किसी शख़्स का गुनाह के धब्बों से पाक रहना बहुत बड़ी बात है। यों तो राजकिशोर एक कामयाब हीरो था मगर उसकी ख़ूबी ने उसे एक बहुत ही ऊंचे मक़ाम पर पहुंचा दिया था।

नागपाड़े में जब शाम को पान वाले की दुकान पर बैठता था अक्सर ऐक्टर-ऐक्टरेसों की बातें हुआ करती थीं। क़रीब-क़रीब हर ऐक्टर और ऐक्टरेस के मुताल्लिक़ कोई न कोई स्कैंडल मशहूर था मगर राजकिशोर का जब भी ज़िक्र आता, शाम लाल पंवाड़ी बड़े गर्व से कहा करता : "मंटो साहब! राज भाई ही ऐसा ऐक्टर है जो लंगोट का पक्का है।"

मालूम नहीं शाम लाल उसे राज भाई कैसे कहने लगा था, इस बारे में मुझे इतनी ज़्यादा हैरत भी नहीं थी, इसलिए कि राजभाई की मामूली से मामूली बात भी एक कारनामा बन कर लोगों तक पहुंच जाती थी।

जैसे बाहर के लोगों को उसकी आमदनी का पूरा हिसाब मालूम था। अपने वालिद को माहवार खर्च क्या देता है, यतीम-ख़ानों के लिए कितना चन्दा देता है, उसका अपना जेब ख़र्च क्या है, ये सब बातें लोगों को इस तरह मालूम थीं जैसे उन्हें रटाई गई हों।

शाम लाल ने एक रोज़ मुझे बताया कि राज भाई का अपनी सौतेली मां के साथ बहुत ही अच्छा सुलूक है। इस ज़माने में जब आमदनी का कोई ज़रिया नहीं था, बाप और उसकी नई बीवी उसे तरह-तरह के दुख देते थे। मगर मरहबा है राजभाई का कि उसने अपना फर्ज पूरा किया और उनको सर आंखों पर जगह दी। अब दोनों छपर खटों पर बैठे राज करते हैं। हर रोज़ सुबह सवेरे राज अपनी सौतेली मां के पास जाता है और उसके चरण छूता है। बाप के सामने हाथ जोड़ कर खड़ा हो जाता है और जो हुक्म मिले, तुरंत उसे पूरा करता है।

आप बुरा न मानियेगा, मुझे राजकिशोर की प्रशंसा आदि सुन कर हमेशा उलझन सी होती है, ख़ुदा जाने क्यों?

मैं जैसा कि पहले अर्ज़ कर चुका हूं, मुझे उस से नफ़रत नहीं थी। उसने मुझे कभी ऐसा मौक़ा नहीं दिया था, फिर उस ज़माने में जब मुंशियों की कोई इज़्ज़त ही नहीं थी वो मेरे साथ घंटों बातें किया करता था, मैं नहीं कह सकता

क्या कारण था, लेकिन ईमान की बात है कि मेरे दिलो-दिमाग़ के किसी अंधेरे कोने में ये शक बिजली की तरह कौंद जाता कि राज बन रहा है-राज की ज़िन्दगी बिल्कुल बनावटी है। मगर मुसीबत यह है कि मेरा कोई हम ख़्याल नहीं था। लोग देवताओं की तरह उसकी पूजा करते थे और मैं दिल ही दिल में उस से कुढ़ता रहता था।

राज की बीवी थी, राज के चार बच्चे थे, वो अच्छा पति और अच्छा बाप था। उसकी ज़िन्दगी पर से चादर का कोई कोना भी अगर हटा कर देखा जाता तो आपको कोई धुंधली चीज़ नज़र आती। ये सब कुछ था, मगर इसके होते हुए भी मेरे दिल में शक की गदगुदी होती ही रहती थी। खुदा की क़सम मैंने कई बार अपने आपको लानत मलामत की कि तुम बड़े ही वाहियात हो कि ऐसे अच्छे इंसान को जिसे सारी दुनिया अच्छा कहती है और जिसके मुताल्लिक़ तुम्हें कोई शिकायत भी नहीं, क्यों बेकार शक की नज़रों से देखते हो। अगर एक आदमी अपना सुडौल बदन बार-बार देखता है तो ये कौन सी बुरी बात है। तुम्हारा बदन भी अगर ऐसा ही ख़ूबसूरत होता तो बहुत मुमकिन है कि तुम भी यही हरकत करते।

कुछ भी हो, मगर मैं अपने दिलो-दिमाग़ को कभी आमादा नहीं कर सका कि वो राजकिशोर को उसी नज़र से देखे जिस से दूसरे देखते हैं। यही कारण है कि मैं गुफ़्तुगू में अक्सर उस से उलझ जाया करता था। मेरे मिजाज़ के खिलाफ़ कोई बात की और मैं हाथ धोकर उसके पीछे पड़ गया लेकिन ऐसी बहसों के बाद हमेशा उसके चेहरे पर मुस्कुराहट और मेरे कंठ में एक न बताने लायक़ कड़वाहट रही। मुझे इससे और भी ज़्यादा उलझन होती थी।

इसमें कोई शक नहीं कि उसकी ज़िन्दगी में कोई स्कैंडल नहीं था। अपनी बीवी के सिवा किसी दूसरी औरत क़ा मैला या उजला दामन उससे जुड़ा नहीं था। मैं ये भी तस्लीम करता हूं कि वो सब एक्टरेसों को बहन कह कर पुकारता था और वो भी उसे जवाब में भाई कहती थीं। मगर मेरे दिल ने हमेशा मेरे दिमाग़ से यही सवाल किया कि ये रिश्ता क़ायम करने की ऐसी ज़रूरत ही क्या है।

बहन-भाई का रिश्ता कुछ और है मगर किसी औरत को अपनी बहन कहना इस अंदाज़ से जैसे ये बोर्ड लगाया जा रहा है कि सड़क बन्द है या ''यहां पेशाब करना मना है'' बिल्कुल दूसरी बात है।

अगर तुम किसी औरत से जिस्मानी रिश्ता क़ायम नहीं करना चाहते तो उसका ऐलान करने की ज़रूरत ही क्या है। अगर तुम्हारे दिल में तुम्हारी बीवी

के सिवा और किसी औरत का विचार प्रवेश नहीं कर सकता तो उसका प्रचार करने की क्या ज़रूरत है। यही और इसी क़िस्म की दूसरी बातें चूंकि मेरी समझ में नहीं आती थीं, इसलिए मुझे अजीब क़िस्म की उलझन होती थी।

ख़ैर।

''बन की सुन्दरी'' की शूटिंग चल रही थी। स्टूडियो में ख़ासी चहल-पहल थी। हर रोज़ एक्स्ट्रा लड़कियां आती थीं। जिनके साथ हमारा दिन हंसी-मज़ाक़ में गुज़र जाता था।

एक दिन नियाज़ मोहम्मद विलेन के कमरे में मेकअप मास्टर जिसे हम उस्ताद कहते थे, ये ख़बर लेकर आया कि वैम्प के रोल के लिए जो नई लड़की आने वाली थी, आ गई है और बहुत जल्द उसका काम शुरू हो जायेगा।''

उस वक़्त चाय का दौर चल रहा था। कुछ उसकी हरारत थी। कुछ इस ख़बर ने हम को गरमा दिया।

स्टूडियो में एक नई लड़की का दाख़िला हमेशा एक खुशगवार हादसा हुआ करता है, चुनांचे हम सब नियाज़ मुहम्मद विलेन के कमरे से निकल कर बाहर चले आए ताकि उसका दीदार किया जाये।

शाम के वक़्त जब सेठ हरमज जी फ्राम जी ऑफिस से निकल कर ईसा तबलची की चांदी की डिबिया से दो ख़ुश्बूदार तम्बाकू वाले पान अपने चौड़े कल्ले में दबा कर ब्लेयर्ड खेलने के कमरे का रुख़ कर रहे थे कि हमें वो लड़की नज़र आई। सांवले रंग की औरत थी, बस मैं सिर्फ़ इतना ही देख सका क्योंकि वो जल्दी-जल्दी सेठ के साथ हाथ मिलाकर स्टूडियो की मोटर में बैठ कर चली गई। कुछ देर के बाद मुझे नयाज़ मुहम्मद ने बताया कि उस औरत के होंठ मोटे थे। वो शायद उसके होंठ ही देख सका था। उस्ताद जिस ने शायद इतनी झलक भी न देखी थी, सर हिला कर बोला : ''हूंह-कण्डम''-। यानी बकवास है।

चार-पांच रोज़ बीत गए मगर ये नई लड़की स्टूडियो में न आई। पांचवे या छटे रोज़ जब में गुलाब के होटल से चाय पीकर निकल रहा था, अचानक मेरी और उसकी मुठभेड़ हो गई।।

मैं हमेशा औरतों को चोर आंख से देखने का आदी हूं। अगर कोई औरत एकदम मेरे सामने आ जाये तो मुझे उसका कुछ भी नज़र नहीं आता चूंकि असाधारण तौर पर मेरी उसकी मुठभेड़ हुई थी, इसलिए मैं उसके चेहरे या छवि के बारे में कोई अन्दाज़ा न कर सका; अलबत्ता पांव मैंने ज़रूर देखे

जिनमें नई क़िस्म के स्लीपर थे।

लेबारेटरी से स्टूडियो तक जो रविश जाती है, उस पर मालिकों ने 'बजरी' बिछा रखी है। इस बजरी में अनगिनत गोल-गोल 'बट्टियां' हैं। जिन पर से जूता बार-बार फिसलता है। चूंकि उसके पांव में खुले स्लीपर थे, इसलिए चलने में उसे कुछ ज़्यादा तकलीफ महसूस हो रही थी।

इस मुलाक़ात के बाद आहिस्ता-आहिस्ता मिस नीलम से मेरी दोस्ती हो गई। स्टूडियो के लोगों को तो ख़ैर इसका इल्म नहीं था मगर उसके साथ मेरे ताल्लुक़ात बहुत ही बेतकल्लुफ़ थे। उसका असली नाम राधा था। मैंने जब एक बार उससे पूछा कि तुमने इतना प्यारा नाम क्यों छोड़ दिया तो उसने जवाब दिया : "यों ही!" मगर फिर कुछ देर के बाद कहा : ये नाम इतना प्यारा है कि फ़िल्म में इस्तेमाल नहीं करना चाहिए।"

आप शायद ख़्याल करें कि राधा मज़हबी ख़्याल की औरत थी। जी नहीं, उसे मज़हब और उसके बारे में दूर का भी वास्ता नहीं था। लेकिन जिस तरह मैं हर नई रचना शुरू करने से पहले काग़ज़ पर 'बिसमिल्लाह' के नम्बर ज़रूर लिखता हूं, इसी तरह शायद उसे भी असाधारण रूप से राधा के नाम से बेहद प्यार था। चूंकि वो चाहती थी कि उसे राधा न कहा जाये, इसलिए मैं आगे चल कर उसे नीलम ही कहूंगा।

नीलम बनारस की एक तवायफ़ज़ादी थी। वहीं का लबो-लहजा जो कानों को बहुत भला मालूम होता था। मेरा नाम सआदत है। मगर वो मुझे हमेशा सादिक़ ही कहा करती थी। एक दिन मैंने उससे कहा "नीलम! मैं जानता हूं तुम मुझे सआदत कह सकती हो। फिर मेरी समझ में नहीं आता कि तुम अपनी इस्लाह क्यों नहीं करतीं" ये सुनकर उसके सांवले होंठों पर जो बहुत ही पतले थे एक हल्की मुस्कुराहट नमूदार हुई और जवाब दिया : "जो ग़लती एक बार मुझ से हो जाए, मैं उसे ठीक करने की कोशिश नहीं करती।"

मेरा ख़्याल है कि बहुत कम लोगों को मालूम है कि वो औरत जिसे स्टूडियों के तमाम लोग एक मामूली ऐक्ट्रेस समझते थे, अजीबो-ग़रीब क़िस्म की 'इनफिरादियत' की मालिक थी। इसमें दूसरी ऐक्ट्रेसों का सा ओछापन बिल्कुल नहीं था। उसकी संजीदगी जिसे स्टूडियो का हर शख़्स अपनी ऐनक से ग़लत रंग में देखता था, बहुत प्यारी चीज़ थी।

उसके सांवले चेहरे पर जिसकी जिल्द बहुत ही साफ और हमवार थी, ये संजीदगी, ये मलीह-मतानत मौज़ू व मुनासिब 'ग़ाज़ा' बन गई थी। इसमें कोई शक नहीं कि इससे उसकी आंखों में उसके पहले होंठों के कोनों में, ग़म

की बेमालूम तल्खियां घुल गई थीं। मगर ये वाकिया है कि इस चीज़ ने उसे दूसरी औरतों से बिल्कुल अलग कर दिया था।

मैं उस वक़्त भी हैरान था और अब भी वैसा ही हैरान हूं कि नीलम को ''बन की सुंदरी'' में वैम्प के रोल के लिए क्यों चुना गया। इसलिए कि उसमें तेज़ी व तर्रारी नाम को भी नहीं थी। जब वो पहली बार अपना वाहियात पार्ट अदा करने के लिए तंग चोली पहन् कर सेट पर आई तो मेरी निगाहों को बहुत सदमा पहुंचा। वो दूसरों का रद्दे अमल फौरन ताड़ जाती है। चुनांचे मुझे देखते ही उसने कहा : डॉयरेक्टर साहब कह रहे थे कि तुम्हारा पार्ट शरीफ औरत का नहीं, इसलिए तुम्हें इस क़िस्म का लिबास दिया गया है। मैंने उससे कहा : अगर ये लिबास है तो मैं आपके साथ नंगी चलने के लिए तैयार हूं।''

मैंने उससे पूछा : ''डायरेक्टर साहब ने ये सुन कर क्या कहा?''

नीलम के पतले होंठों पर एक हल्की असरदार मुस्कुराहट नमूदार हुई। उन्होंने कल्पना में मुझे नंगी देखना शुरू कर दिया...ये लोग भी कितने मूर्ख हैं। यानी उस लिबास में मुझे देख कर कल्पना पर ज़ोर डालने की ज़रूरत ही क्या थी।''

चतुर पाठक के लिए नीलम का इतना परिचय ही काफी है। अब मैं उन घटनाओं की ओर आता हूं। जिनकी मदद से मैं ये कहानी मुकम्मल करना चाहता हूं।

बम्बई में जून के महीने से बारिश शुरू हो जाती है और सितम्बर के बीच तक जारी रहती है। पहले दो-ढाई महीनों में इस क़दर पानी बरसता है कि स्टूडियों में काम नहीं हो सकता। ''बन की सुंदरी'' की शूटिंग अप्रैल के आख़िर में शुरू हुई थी। जब पहली बारिश हुई तो हम अपना तीसरा सेट मुकम्मल कर रहे थे। एक छोटा-सा सीन बाक़ी रह गया था। जिसमें कोई संवाद नहीं था। इसलिए बारिश में भी हमने अपना काम जारी रखा। मगर जब ये काम ख़त्म हो गया तो हम एक अर्से के लिए बेकार हो गये।

इस दौरान में स्टूडियो के लोगों को एक दूसरे के साथ मिल कर बैठने का बहुत मौक़ा मिलता है। मैं तक़रीबन सारा दिन गुलाब के होटल में बैठा चाय पीता रहता था जो आदमी भी अन्दर आता था तो सारे का सारा भीगा होता था या आधा—बाहर की सब मक्खियां पनाह लेने के लिए अन्दर जमा हो गई थीं। इतनी गंदी फिज़ा थी कि अलअमां। एक कुर्सी पर चाय निचोड़ने का कपड़ा पड़ा है, दूसरी पर प्याज़ काटने की बदबूदार छुरी पड़ी झक मार रही है। गुलाब साहब पास खड़े हैं और अपने 'मास-खोरा' थामे दांतों तले बम्बई की उर्दू चबा

रहे हैं। तुम उधर जाने को नहीं सकता—हम उधर से जाके आता—बहुत लफड़ा होगा—हां—बड़ा वान्दा हो जाएगा।

उस होटल में जिसकी छत स्टील की थी, सेठ हरमज़ जी फ्राम जी, उनके साले एडाल जी और हीरोइनों के सिवा सब लोग आते थे। नियाज़ मुहम्मद को तो दिन में कई मर्तबा यहां आना पड़ता था क्योंकि वो चुन्नी-मुन्नी नाम की दो बिल्लियां पाल रहा था।

राजकिशोर दिन में एक चक्कर लगा जाता था। ज्योंही वो अपने लम्बे कद और कसरती बदन के साथ दहलीज़ पर नमूदार होता, मेरे सिवा होटल में बैठे हुए, तमाम लोगों की आंखें तमतमा उठतीं। ऐक्टर लड़के उठ-उठ कर राज भाई को कुर्सी पेश करते और जब वो उनमें से किसी की पेश की हुई कुर्सी पर बैठ जाता तो सारे परवानों की तरह उसके आस-पास जमा हो जाते। इसके बाद दो क़िस्म की बातें सुनने में आतीं। एक्स्ट्रा लड़कों की ज़बान पर पुरानी फिल्मों में राज भाई के काम की तारीफ़ और ख़ुद राजकिशोर की ज़बान पर उसके स्कूल छोड़ कर कॉलेज और कॉलेज छोड़कर फिल्मी दुनिया में दाख़िल होने का इतिहास—चूंकि मुझे ये सब बातें ज़बानी याद हो चुकी थीं। इसलिए ज्योंही राजकिशारे होटल में दाख़िल होता मैं उससे अलैक-सलैक करने के बाद बहर निकल जाता।

एक रोज़ जब बारिश थमी हुई थी और हरमज़ जी फ्राम जी का एलसेशियन कुत्ता नियाज़ मुहम्मद की दो बिल्लियों से डर कर गुलाब के होटल की तरफ दुम दबाए भागा आ रहा था, मैंने मौलसरी के पेड़ के नीचे बने हुए गोल चबूतरे पर नीलम और राजकिशारे को बातें करते हुए देखा।

राजकिशोर खड़ा हस्बे आदत हौले-हौले झूल रहा था। जिसका मतलब ये था कि वो अपने ख़्याल के मुताबिक़ निहायत ही दिलचस्प बातें कर रहा है। मुझे याद नहीं कि नीलम से राजकिशोर का तआरुफ़ कब और किस तरह हुआ था, मगर नीलम तो उसे फिल्मी दुनिया में दाख़िल होने से पहले ही अच्छी तरह जानती थी और शायद एक दो बार उसने मुझ से उसके ख़ूबसूरत जिस्म की तारीफ़ भी की थी।

मैं गुलाब के होटल से निकल कर रिकार्डिंग रूम के छज्जे तक पहुंचा तो राजकिशोर ने अपने चौड़े कंधे पर से खादी का थैला एक झटके के साथ उतारा और उसे खोल कर एक मोटी कापी बाहर निकाली। मैं समझ गया... ये राजकिशोर की डायरी थी।

हर रोज़ सभी कामों के बाद अपनी सौतेली मां का आशीर्वाद लेकर

राजकिशोर सोने से पहले डायरी लिखने का आदी है। यों तो उसे पंजाबी ज़बान से बहुत प्रेम है मगर डायरी अंग्रेज़ी में लिखता है। जिसमें कहीं टैगोर के नाजुक स्टाइल की और गांधी के सियासी तर्ज़ की झलक नज़र आती है...उसके लेख पर शेक्सपीयर के ड्रामों का असर भी काफी है। मगर मुझे इस 'मुरक्कब' में लिखने वाले का खुलूस कभी नज़र नहीं आया। अगर ये डायरी कभी आपको मिल जाये तो आपको राजकिशोर की ज़िन्दगी के दस पन्द्रह वर्षों का हाल मालूम हो सकता है, उसने कितने रुपये चन्दे में दिये कितने ग़रीबों को खाना खिलाया, कितने जलसों में शामिल हुआ, क्या पहना, क्या उतारा...और अगर मेरा कियाफ़ा दुरुस्त है तो आपको उस डायरी के किसी वर्क़ पर मेरे नाम के साथ पैंतीस रुपये भी नज़र आ जायेंगे जो मैंने उससे एक बार क़र्ज़ लिए थे और इस ख़्याल से कभी वापस नहीं किए कि वो अपनी डायरी में उनकी वापसी का ज़िक्र कभी नहीं करेगा।

ख़ैर...नीलम को वो उस डायरी के कुछ पन्ने पढ़ कर सुना रहा था। मैंने दूर ही से उसके ख़ूबसूरत होंठों की जुंबिश से मालूम कर लिया कि वो शेक्सपीयरियन अंदाज़ में अल्लाह की 'हम्द' बयान कर रहा है।

नीलम, मौलसरी के पेड़ के नीचे गोल सीमेन्ट लगे चबूतरे पर ख़ामोश बैठी थी। उसके चेहरे पर राजकिशाोर के शब्द कोई असर पैदा नहीं कर रहे थे।

वो राजकिशोर की उभरी हुई छाती की तरफ़ देख रही थी। उसके कुर्ते के बटन खुले थे, और सफेद बदन पर उसकी छाती के काले बाल बहुत ही खूबसूरत मालूम होते थे।

स्टूडियो में चारों तरफ़ हर चीज़ धुली हुई थी। नियाज़ मुहम्मद की दो बिल्लियां भी आम तौर पर गन्दी रहा करती थीं, उस दिन बहुत साफ़ सुथरी दिखाई दे रही थीं। दोनों सामने बेंच पर लेटी नर्म-नर्म पंजों से अपना मुंह धो रही थीं। नीलम जॉरजेट की बेदाग सफ़ेद साड़ी बांधे थी। ब्लाउज़ सफेद 'नायलान' का था जो उसकी सांवली सुडौल बांहों के साथ एक निहायत ही खुशगवार और मद्धिम सा फ़र्क़ पैदा कर रहा था।

इतनी अलग क्यों दिखाई दे रही थी?

एक क्षण के लिए ये सवाल मेरे दिमाग़ में पैदा हुआ और जब एकदम उसकी और मेरी आंखें लड़ीं तो मुझे उसकी निगाह की बेचैनी में अपने सवाल का जवाब मिल गया। नीलम मुहब्बत में गिरफ़्तार हो चुकी थी।

उसने हाथ के इशारे से मुझे बुलाया। थोड़ी देर इधर-उधर की बातें हुईं। जब राजकिशोर चला गया तो उसने मुझ से कहा : "आज आप मेरे साथ

चलियेगा।''

शाम को छ : बजे मैं नीलम के मकान पर था। ज्योंही हम अन्दर दाख़िल हुए उसने अपना बैग सोफे पर फेंका और मुझ से नज़र मिलाये बिना कहा : ''आप ने जो कुछ सोचा है ग़लत है।''

मैं इसका मतलब समझ गया। चुनांचे मैंने जवाब दिया ''तुम्हें कैसे मालूम हुआ कि मैंने क्या सोचा था?''

उसके पतले होंठों पर रहस्मयी मुस्कान पैदा हुई : इसलिए कि हम दोनों ने एक ही बात सोची थी...आपने शायद बाद में ग़ौर नहीं किया। मगर मैं बहुत सोच-विचार के बाद इस नतीजे पर पहुंची हूं कि हम दोनों ग़लत थे।''

''अगर मैं कहूं कि हम दोनों सही थे।''

उसने सोफे पर बैठते हुए कहा : ''तो हम दोनों बेवकूफ़ हैं।'' ये कह कर फौरन ही उसके चेहरे की संजीदगी और ज़्यादा संवला गई। सादिक़ ये कैसे हो सकता है। मैं बच्ची हूं जो मुझे अपने दिल का हाल मालूम नहीं। तुम्हारे ख़्याल के मुताबिक़ मेरी उम्र क्या होगी?''

''बाईस बरस।''

''बिल्कुल दुरुस्त...लेकिन तुम नहीं जानते कि दस बरस की उम्र में मुझे मुहब्बत के मानी मालूम थे...मानी क्या हुआ जी...? खुदा की क़सम मैं मुहब्बत करती थी। दस से लेकर सोलह बरस तक मैं एक ख़तरनाक मुहब्बत में गिरफ़्तार रही हूं। मेरे दिल में अब क्या ख़ाक किसी की मुहब्बत पैदा होगी।'' ये कह कर उसने मेरे शिथिल चेहरे की तरफ़ देखा और बेचैन होकर कहा : ''तुम कभी नहीं मानोगे। मैं तुम्हारे सामने अपना दिल निकाल कर रख दूं। फिर भी तुम यक़ीन नहीं करोगे मैं तुम्हें अच्छी तरह जानती हूं। भई खुदा की क़सम वो मर जाए जो तुम से झूठ बोले...मेरे दिल में अब किसी की मुहब्बत पैदा नहीं हो सकती थी, लेकिन इतना ज़रूर है कि...ये कहते-कहते वो एकदम रुक गई।

मैंने उससे कुछ न कहा। क्योंकि वो गहरी फिक्र में डूब गई थी। वो शायद सोच रही थी कि ''इतना ज़रूर'' क्या है।

थोड़ी देर बाद उसके पतले होंठों पर वही रहस्मय मुस्कान पैदा हुई जिससे उसके चेहरे की संजीदगी में थोड़ी सी आलिमाना शरारत पैदा हो जाती थी। सोफे पर से उठकर एक झटके के साथ उसने कहना शुरू किया : ''मैं इतना ज़रूर कह सकती हूं कि ये मुहब्बत नहीं है और कोई बला हो तो मैं कह नहीं सकती सादिक़। मैं तुम्हें यक़ीन दिलाती हूं।''

मैंने फौरन ही कहा : "यानी तुम अपने आपको यक़ीन दिलाती हो।"

वो जल गई : "तुम बहुत कमीने हो...कहने का एक ढंग होता है। आख़िर तुम्हें यक़ीन दिलाने की मुझे ज़रूरत ही क्या पड़ी है। मैं अपने आपको यक़ीन दिला रही हूं, मगर मुसीबत है कि आ नहीं रहा। क्या तुम मेरी मदद नहीं कर सकते।" ये कह कर वो मेरे पास बैठ गई और अपने दाहिने हाथ की छंगलिया पकड़ कर मुझ से पूछने लगी : "राजकिशोर के मुताल्लिक़ तुम्हारा क्या ख़्याल है...मेरा मतलब है तुम्हारे ख़्याल के मुताबिक़ राजकिशोर में वो कौन सी चीज़ है जो मुझे पसंद आई है।" छंगलिया छोड़ कर उसने एक-एक कर के दूसरी उंगलियां पकड़नी शुरू कीं।

"मुझे उसकी बातें पसंद नहीं...मुझे उसकी ऐक्टिंग पसंद नहीं। मुझे उसकी डायरी पसंद नहीं, जाने क्या खुराफ़ात सुना रहा था।"

खुद ही तंग आकर वो उठ खड़ी हुई : "समझ में नहीं आता मुझे क्या हो गया है। बस सिर्फ यही जी चाहता है कि एक हंगामा हो। बिल्लियों की लड़ाई की तरह शोर मचे, धूल उड़े...और मैं पसीना-पसीना हो जाऊं..." फिर एकदम वो मेरी तरफ़ पलटी..."सादिक़...तुम्हारा क्या ख़्याल है...मैं कैसी औरत हूं?"

मैंने मुस्कुराकर जवाब दिया–"बिल्लियां और औरतें मेरी समझ से हमेशा बालातर रही हैं।"

उसने एकदम पूछा : "क्यों?"

मैंने थोड़ी देर सोच कर जवाब दिया : "हमारे घर में एक बिल्ली रहती थी। साल में एक बार उस पर रोने के दौरे पड़ते थे...उसका रोना-धोना सुन कर कहीं से एक बिल्ला आ जाया करता था। फिर उन दोनों में इस क़दर लड़ाई ख़ून-ख़राबा होता कि अलअमां...मगर इसके बाद वो ख़ाला-बिल्ली चार बच्चों की मां बन जाया करती थी।

नीलम का जैसे मुंह का ज़ायक़ा ख़राब हो गया। "थू...तुम कितने गन्दे हो।" फिर थोड़ी देर के बाद इलायची से मुंह का स्वाद ठीक करने के बाद उसने कहा : "मुझे औलाद से नफ़रत है। ख़ैर हटाओ जी इस क़िस्से को।"

ये कहकर नीलम ने पानदान खोल कर अपनी पतली पतली उंगलियों से मेरे लिये पान लगाना शुरू कर दिया। चांदी की छोटी-छोटी कलियों से उसने बड़ी नफ़ासत से चमची के साथ चूना और कत्था निकाल कर 'रगें' निकले हुए पान पर फैलाया और ग्लोरी बनाकर मुझे दी : "सादिक तुम्हारा क्या ख़्याल है?"

ये कह कर वो ख़ाली ज़ेहन हो गई।

मैंने पूछा : "किस बारे में?"

उसने सरौते से भुनी हुई छालियां काटते हुए कहा : "इस बकवास के बारे में जो शुरू हो गई है। ये बकवास नहीं तो क्या है, यानी मेरी समझ में कुछ आता ही नहीं...खुद ही फाड़ती हूं, खुद ही रफ़ू करती हूं। अगर ये बकवास इसी तरह जारी रहे तो जाने क्या होगा। तुम नहीं जानते हो। मैं बहुत ज़बरदस्त औरत हूं।'

"ज़बरदस्त से तुम्हारी मुराद क्या है?"

नीलम के पतले होंठों पर वही रहस्मय मुस्कान पैदा हुई : "तुम बड़े बेशर्म हो। सब कुछ समझते हो। मगर महीन-महीन चुटकियां लेकर मुझे उकसाओगे ज़रूर। ये कहते हुए उसकी आंखों की सफेदी गुलाबी रंगत इख़्तियार कर गई।

"तुम समझते क्यों नहीं कि मैं बहुत गर्म मिज़ाज की औरत हूं।" ये कह कर वो उठ खड़ी हुई। "अब तुम जाओ। मैं नहाना चाहती हूं।"

मैं चला गया।

इसके बाद नीलम ने बहुत दिनों तक राजकिशोर के बारे में मुझ से कुछ न कहा। मगर इस दौरान में हम दोनों एक दूसरे के विचारों से परिचित थे। जो कुछ वो सोचती थी, मुझे मालूम हो जाता था। कई रोज़ तक यही ख़ामोश तबादला जारी रहा।

एक दिन-डायरेक्टर पलानी जो "बन की सुन्दरी" बना रहा था, हीरोइन की रिहर्सल सुन रहा था। हम सब म्यूज़िक रूम में जमा थे। नीलम एक कुर्सी पर बैठी अपने पांव की जुंबिश से हौले-हौले ताल दे रही थी। एक बाज़ारी क़िस्म का गाना था मगर धुन अच्छी थी। जब रिहर्सल ख़त्म हुई तो राजकिशोर कांधे पर खादी का थैला रखे कमरे में दाख़िल हुआ डायरेक्टर कृपलानी, म्यूज़िक डायरेक्टर घोष, साउंड रिकार्डिस्ट पी.एन.मोघा...इन सबको एक एक करके उसने अंग्रेज़ी में आदाब किया। हीरोइन मिस ईदन बाई को हाथ जोड़ कर नमस्कार किया और कहा : "ईदन बहन! कल मैंने आपको क्राफर्ड मार्किट में देखा। मैं आपकी भाभी के लिए मौसमियां ख़रीद रहा था कि आपकी मोटर नज़र आई..." झूलते-झूलते उसकी नज़र नीलम पर पड़ी जो पियानो के पास एक पस्त क़द की कुर्सी में धंसी हुई थी। एकदम उसके हाथ नमस्कार के लिए उठे। ये देखते ही नीलम उठ खड़ी हुई : "राज साहब! मुझे बहन न कहियेगा।"

नीलम ने ये बात कुछ इस अंदाज़ से कही कि म्यूज़िक रूम में बैठे हुए सब आदमी एक क्षण के लिए स्तब्ध रह गये। राजकिशोर खिसियाना सा हो गया। और केवल इतना कह सका : ''क्यों?''

नीलम जवाब दिए बिना बाहर निकल गई।

तीसरे रोज़ मैं नागपाड़े में शाम के समय शाम लाल पनवाड़ी की दुकान पर गया तो वहां इस घटना से मुताल्लिक़ चेमीगोइयां हो रही थीं...शाम लाल बड़े फ़ख्रिया लहजे में कह रहा था :

''साली का अपना मन मैला होगा...वर्ना राजभाई किसी को बहन कहे, और वह बुरा माने...कुछ भी हो, उसकी मुराद कभी पूरी नहीं होगी। राजभाई लंगोट के बहुत पक्के हैं।''

राजभाई के लंगोट से मैं बहुत तंग आ गया था। मगर मैंने शामलाल से कुछ न कहा और ख़ामोश बैठा उसकी और उसके दोस्त ग्राहकों की बातें सुनता रहा जिनमें बनावट ज़्यादा और असलियत कम थी।

स्टूडियो में हर शख़्स को म्यूज़िक रूम के इस हादसे का इल्म था और तीन रोज़ से गुफ़्तुगू का विषय बस यही चीज़ थी कि राजकिशोर को मिस नीलम ने क्यों एकदम बहन कहने से मना किया। मैंने राजकिशोर की ज़बानी इस बारे में कुछ न सुना मगर उसके एक दोस्त से मालूम हुआ कि उसने अपनी डायरी में उसपर निहायत ही दिलचस्प टिप्पणी लिखी है और प्रार्थना की है कि मिस नीलम का दिलो-दिमाग़ ठीक हो जाए।

इस हादसे बाद कई दिन बीत गए लेकिन कोई घटना घटित न हुई।

नीलम पहले से कुछ ज़्यादा संजीदा हो गई थी और राजकिशोर के कुर्ते के बटन अब हर वक़्त खुले रहते थे जिसमें उसकी सफेद और उभरी हुई छाती के काले बाल बाहर झांकते थे।

चूंकि एक दो रोज़ से बारिश भी हुई थी और ''बन की सुन्दरी'' का चौथे सेट का रंग खुश्क हो गया था, इसलिए डायरेक्टर कृपलानी ने नोटिस बोर्ड पर शूटिंग का एलान चिपका दिया। ये सीन जो अब लिया जाने वाला था, नीलम और राजकिशोर के दर्मियान था। चूंकि मैंने ही उसके संवाद लिखे थे। इसलिए मुझे मालूम था कि राजकिशोर बातें करते-करते नीलम का हाथ चूमेगा।

इस सीन में चूमने की बिल्कुल गुंजाइश न थी। मगर चूंकि अवाम के जज़्बात को उकसाने के लिए आम तौर पर फिल्मों में औरतों को ऐसे लिबास पहनाये जाते हैं जो लोगों को सताएं, इसलिए डायरेक्टर किरपलानी ने पुराने नुस्ख़े के मुताबिक़ 'दस्तबोसी' का ये टच रख दिया था।

जब शूटिंग शुरू हुई तो मैं धड़कते हुए दिल के साथ सेट पर मौजूद था। राजकिशोर और नीलम दोनों की प्रतिक्रिया क्या होगी? इसकी कल्पना ही से मेरे जिस्म में सनसनी की एक लहर दौड़ जाती थी। मगर सारा सीन मुकम्मल हो गया, और कुछ न हुआ। हर संवाद के बाद एक थका देने वाली आवाज़ के साथ बरक़ी लैम्प रौशन और गुल हो जाते। स्टार्ट और कट की आवाज़ें बुलंद होतीं और शाम को जब सीन के कलाइमेक्स का वक़्त आया तो राजकिशोर ने बड़े रोमांटिक अंदाज़ में नीलम का हाथ पकड़ा मगर कैमरे की तरफ़ पीठ कर के अपना हाथ चूम कर अलग कर दिया।

मेरा ख़्याल था कि नीलम अपना हाथ खींच कर राजकिशोर के मुंह पर एक ऐसा चांटा जड़ेगी कि रिकार्डिंग रूम में पी एन मोघा के कानों के पर्दे फट जाएंगे। मगर इसके वीपरित मुझे नीलम के पतले होंठों पर एक घुली मुस्कुराहट दिखाई दी। जिसमें औरत के ज़ख़्मी जज़्बात का अंश तक मौजूद न था।

मुझे सख़्त नाउम्मीदी हुई थी। मगर मैंने इसका ज़िक्र नीलम से नहीं किया। दो-तीन दिन बीत गये और जब उसने भी मुझ से इस बारे में कुछ न कहा...तो मैंने यह नतीजा निकाला कि उसे इस हाथ चूमने वाली बात की अहमियत का इल्म ही नहीं था, बल्कि यों कहना चाहिए कि उसके दिमाग़ में ये ख़्याल तक न आया था और इसका कारण सिर्फ ये हो सकता है कि वो उस वक़्त राजकिशोर की ज़बान से जो औरत को बहन कहने का आदी था, आशिक़ाना शब्द सुन रही थी।

नीलम का हाथ चूमने के बजाये राजकिशोर ने अपना हाथ क्यों चूमा था...क्या उसने इंतक़ाम लिया था। क्या उसने उस औरत को ज़लील करने की कोशिश की थी, ऐसे कई सवाल मेरे दिमाग़ में पैदा हुए मगर कोई जवाब न मिला।

चौथे दिन जब मैं नागपाड़े में शामलाल की दुकान पर गया तो उसने मुझ से शिकायत भरे लहजे में कहा : मंटो साहब आप तो हमें अपनी कम्पनी की कोई बात सुनाते ही नहीं...आप बताना नहीं चाहते या फिर आपको कुछ मालूम ही नहीं होता, पता है आपको, राज भाई ने क्या किया?''

इसके बाद उसने अपने अंदाज़ में ये कहानी बयान करना शुरू की कि ''बन की सुंदरी'' में एक सीन था जिसमें डायरेक्टर साहब ने राज भाई को मिस नीलम का मंह चूमने का आर्डर दिया लेकिन साहब कहां राजभाई और कहां वो साली टिखियाई। राजभाई ने फौरन कह दिया ''ना साहब मैं ऐसा काम

कभी नहीं करूंगा। मेरी अपनी पत्नी है, इस गंदी औरत का मुंह चूम कर क्या मैं उसके पवित्र होंठों से अपने होंठ मिला सकता हूं...बस साहब फौरन डायरेक्टर को सीन बदलना पड़ा और राज भाई से कहा गया कि अच्छा भई तुम मुंह न चूमो हाथ चूम लो। मगर राजसाहब ने भी कच्ची गोलियां नहीं खेलीं। जब वक़्त आया तो उसने इस सफाई से अपना हाथ चूमा कि देखने वालों को यही मालूम हुआ कि उसने उस साली का हाथ चूमा है।''

मैंने इस गुफ्तुगू का ज़िक्र नीलम से न किया, इसलिए कि जब वो इस सारे क़िस्से ही से बेख़बर थी, उसे अकारण दुखी करने से क्या फायदा।

बम्बई में मलेरिया आम है। मालूम नहीं, कौनसा महीना था और कौन सी तारीख़ थी, सिर्फ इतना याद है कि ''बन की सुन्दरी'' का पांचवा सेट लग रहा था और बारिश बड़े ज़ोरों पर थी कि नीलम अचानक बहुत तेज़ बुख़ार से ग्रस्त हो गई। चूंकि मुझे स्टूडियो में कोई काम नहीं था, इसलिए मैं उसके पास बैठा उसकी तीमारदारी करता रहता। मलेरिया ने उसके चेहरे की संवलाहट में एक अजीब क़िस्म की दर्द-अंगेज ज़रदी पैदा कर दी थी। उसकी आंखों में और उसके पतले-पतले होंठों के कोनों में जो नाक़ाबिले बयान तलखियां घुली रहती थीं, अब उनमें बेमालूम बेबसी की झलक भी दिखाई देती थी।

कूनैन के टीकों से उसे कम सुनाई देने लगी थी : चुनांचे उसे अपनी धीमी आवाज़ ऊंची करना पड़ती थी। उसका ख़्याल था कि शायद मेरे कान भी ख़राब हो गए हैं।

एक दिन जब उसका बुख़ार बिल्कुल दूर हो गया था, और वो बिस्तर पर लेटी कमज़ोर स्वर में ईदन बाई की बीमार पुरसी का शुक्रिया अदा कर रही थी। नीचे से मोटर के हार्न की आवाज़ आई। मैंने देखा कि यह आवाज़ सुन कर नीलम के बदन पर एक सर्द झुरझुरी सी दौड़ गई।

थोड़ी देर बाद कमरे का दबीज़ सागवानी दरवाज़ा खुला और राजकिशोर खादी के सफेद कुरते और तंग पैजामे में अपनी बीवी के साथ अन्दर दाख़िल हुआ।

ईदन बाई को ईदन बहन कह कर सलाम किया। मेरे साथ हाथ मिलाया। और अपनी बीवी को जो तीखे-तीखे नक़्शों वाली घरेलू क़िस्म की औरत थी, हम सब से परिचय करा कर के वो नीलम के पलंग पर बैठ गया। कुछ क्षण वो ऐसे ही शून्य में मुस्कुराता रहा। फिर उसने बीमार नीलम की ओर देखा और मैंने पहली बार उसकी धुली हुई आंखों में एक गर्द आलूद जज़्बा तैरता हुआ पाया।

मैं अभी पूरी तरह आश्चर्य चकित भी नहीं होने पाया था कि उसने खिलन्दड़े अंदाज़ में कहना शुरू किया : ''बहुत दिनों से इरादा कर रहा था कि आपकी बीमारपुरसी के लिए आऊं, मगर इस कमबख़्त मोटर का इंजन कुछ ऐसा ख़राब हुआ कि दस दिन कारख़ाने में पड़ी रही। आज आई तो मैंने (अपनी बीवी की तरफ़ इशारा कर के) शांति से कहा भई, चलो इसी वक़्त उठो...रसोई का काम कोई और करेगा। आज इत्तेफ़ाक़ से रक्षाबंधन का त्योहार भी है...नीलम बहन की ख़ैरियत भी पूछ आएंगे और उनसे राखी भी बंधवा लेंगे।''

ये कहते हुए उसने अपने खादी के कुरते से एक रेशमी फुंदने वाला गजरा निकाला। नीलम के चेहरे की ज़र्दी और ज़्यादा दर्द अंगेज़ हो गई।

राजकिशोर जान बूझ कर नीलम की तरफ़ नहीं देख रहा था; चुनांचे उसने ईदन बाई से कहा : ''मगर ऐसे नहीं। ख़ुशी का मौक़ा है। बहन बीमार बन कर राखी नहीं बाधेगी।''

शांति, चलो उठो।

इनको लिपिस्टिक वग़ैरह लगाओ।

मेकअप बक्स कहां है?

सामने मेंटल पीस पर नीलम का मेकअप बक्स पड़ा था। राजकिशोर ने चन्द लम्बे-लम्बे क़दम उठाए और उसे ले आया। नीलम ख़ामोश थी...उसके पतले होंठ भींच गए थे। जैसे वो चीखें बड़ी मुश्किल से रोक रही है।

जब शान्ति ने पतिवर्ता स्त्री की तरह उठकर नीलम का मेकअप करना चाहा तो उसने कोई विरोध न किया। ईदन बाई ने अपनी बेजान लाश को सहारा देकर उठाया, और जब शान्ति ने उसके होंठों पर लिपिस्टिक लगाना शुरू की तो वो मेरी तरफ़ देख कर मुस्कुराई...नीलम की ये मुस्कुराहट एक ख़ामोश चीख़ थी।

मेरा ख़्याल था...नहीं, मुझे यक़ीन था कि एक दम कुछ होगा। नीलम के भिंचे हुए होंठ एक धमाके के साथ खुले होंगे और जिस तरह बरसात में पहाड़ी नाले बड़े-बड़े मज़बूत बन्द तोड़ कर दीवानावार आगे निकल जाते हैं, उसी तरह नीलम अपने रुके हुए जज़्बात के तूफ़ानी बहाव में हम सब के क़दम उखेड़ कर ख़ुदा मालूम किन गहराइयों में धकेल ले जायेगी। मगर ताज्जुब है कि वो बिल्कुल ख़ामोश रही। उसके चेहरे की दर्द अंगेज़ ज़र्दी ग़ाज़े और सुर्ख़ी के गुबार में छुपती रही और वो पत्थर की बुत की तरह बेजान बनी रही।

आख़िर में जब मेकअप मुकम्मल हो गया तो उसने राजकिशोर से हैरत अंगेज़ तौर पर मज़बूत लहजे में कहा : "लाइए अब मैं राखी बांध दूं।"

रेशमी फुंदनों वाला। गजरा थोड़ी देर में राजकिशोर की कलाई में था और नीलम जिसके हाथ कांपने चाहिए थे बड़े संगीन सुकून के साथ उसका तकमा बन्द कर रही थी। इस प्रक्रिया के दौरान में एक मर्तबा मुझे राजकिशोर की धुली हुई आंखों में एक गर्द आलूद जज़्बे की झलक नज़र आई जो फौरन ही उसकी हंसी में घुल गई।

राजकिशोर ने एक लिफाफे में रस्म के मुताबिक़ नीलम को कुछ रुपये दिये जो उसने शुक्रिया अदा कर के अपने तकिये के नीचे रख लिये। जब वो लोग चले गये, मैं और नीलम अकेले रह गए तो उसने मुझ पर एक उजड़ी हुई निगाह डाली और तकिये पर सर रख कर ख़ामोश लेट गई। पलंग पर राजकिशोर अपना थैला भूल गया था। जब नीलम ने उसे देखा तो पांव से एक तरफ़ कर दिया। मैं लगभग दो घंटे उसके पास बैठा अख़बार पढ़ता रहा। जब उसने कोई बात न की तो मैं रुख़्सत लिये बिना चला आया।

इस घटना के तीन दिन बाद मैं नागपाड़े में अपनी नौ रुपये माहवार की खोली के अन्दर बैठा शेव कर रहा था और दूसरी खोली से अपनी हमसाई मिसेज़ फर्नांडिज की गालियां सुन रहा था कि एक दम कोई अन्दर दाख़िल हुआ। मैंने पलट कर देखा। नीलम थी।

एक क्षण के लिए मैंने ख़्याल किया कि नहीं, कोई और है...उसके होंठों पर गहरे सुर्ख रंग की लिपिस्टिक कुछ इस तरह फैली हुई थी जैसे मुंह से ख़ून निकल-निकल कर बहता रहा है और पोछा नहीं गया...

सर का एक बाल भी सही हालत में नहीं था। सफेद साड़ी की बूटियां उड़ी हुई थीं। बलाउज़ के तीन चार हुक खुले थे और उसकी सांवली छातियों पर ख़रांशें नज़र आ रही थीं।

नीलम को इस हालत में देख कर मुझसे पूछा ही न गया कि तुम्हें क्या हुआ है, और मेरी खोली का पता लगाकर तुम कैसे पहुंची हो।

पहला काम मैंने ये किया कि दरवाज़ा बन्द कर दिया।

जब मैं कुर्सी खींच कर उसके पास बैठा तो उसने अपने लिपिस्टिक से लिथड़े हुए होंठ खोले और कहा : "मैं सीधी यहां आ रही हूं।"

मैंने धीरे से पूछा : "कहां से?"

"अपने मकान से...और मैं तुम से ये कहने आई हूं कि अब वो बकवास जो शुरू हुई थी, ख़त्म हो गई है।"

"कैसे?"

'मुझे मालूम था कि वो भी मेरे मकान पर आएगा। उस वक़्त जब और कोई नहीं होगा, चुनांचे वो आया...अपना थैला लेने के लिए।" यह कहते हुए उसके पतले होंठ पर, जो लिपिस्टिक ने बिल्कुल बेशक्ल कर दिये थे, वही रहस्मय मुस्कुराहट नमूदार हुई। "वो अपना थैला लेने आया था...मैंने कहा चलिए, दूसरे कमरे में पड़ा है। मेरा लहजा शायद बदला हुआ था क्योंकि वो कुछ घबरा सा गया...मैंने कहा घबराइये नहीं...जब हम दूसरे कमरे में दाख़िल हुए तो मैं थैला देने के बजाये ड्रेसिंग टेबल के सामने बैठ गई। और मेकअप करना शुरू कर दिया।"

यहां तक बोलकर वो ख़ामोश हो गई। सामने मेरे टूटे हुए मेज़ पर शीशे के ग्लास में पानी पड़ा था। उसे उठाकर नीलम ग़टाग़ट पी गई...और साड़ी के पल्लू से होंठ पोंछ कर उसने अपनी बात जारी रखी : "मैं एक घंटे तक मेकअप करती रही। जितनी लिपिस्टिक होंठों पर थुप सकती थी, मैंने थोपी। जितनी सुर्ख़ी मेरे गालों पर चढ़ सकती थी, मैंने चढ़ाई। वो ख़ामोश एक कोने में खड़ा आईने में मेरी शक्ल देखता रहा। जब मैं बिल्कुल चुड़ैल बन गई तो मज़बूत क़दमों के साथ चल कर मैंने दरवाज़ा बन्द कर दिया।

"फिर क्या हुआ?"

मैंने जब अपने सवाल का जवाब हासिल करने के लिए नीलम की तरफ़ देखा तो वो मुझे बिल्कुल अलग नज़र आई। साड़ी से होंठ पोंछने के बाद उसके होंठ की रंगत कुछ अजीब सी हो गई थी। इसके इलावा उसका लहजा इतना दबा हुआ था जितना सुर्ख गर्म किए हुए लोहे का, जिसे हथौड़े से कूटा जा रहा हो।

इस वक़्त तो वो चुड़ैल नज़र नहीं आ रही थी, लेकिन जब उसने मेकअप किया होगा तो ज़रूर चुड़ैल दिखाई देती होगी।

मेरे सवाल का जवाब उसने फौरन ही न दिया...टाट की चारपाई से उठ कर वो मेरे मेज़ पर बैठ गई और कहने लगी : "मैंने उसको झिंझोड़ दिया ...जंगली बिल्ली की तरह मैं उसके साथ चिमट गई। उसने मेरा मुंह नोचा, मैंने उसका...बहुत देर तो हम दोनों एक दूसरे के साथ कुश्ती लड़ते रहे। ओह... उसमें बला की ताक़त थी...लेकिन...लेकिन...जैसा कि मैं तुम से एक बार कह चुकी हूं...मैं बहुत ज़बरदस्त औरत हूं...मेरी कमज़ोरी...वो कमज़ोरी जो मलेरिया ने पैदा की थी, मुझे बिल्कुल महसूस न हुई। मेरा बदन तप रहा था। मेरी आंखों से चिंगारियां निकल रही थीं...मेरी हड्डियां सख़्त हो रही थीं। मैंने उसे पकड़

लिया मैंने उससे बिल्लियों की तरह लड़ना शुरू किया...मुझे मालूम नहीं क्यों...मुझे पता नहीं था किसलिए...बे सोचे समझे मैं उससे भिड़ गई...हम दोनों ने कोई भी ऐसी बात ज़बान से न निकाली जिसका मतलब कोई दूसरा समझ सके...मैं चीखती रही...वो सिर्फ हूं-हूं करता रहा...उसके सफ़ेद खादी के कुरते की कई बूटियां मैंने इन उंगलियों से नोचीं...उसने मेरे बाल, मेरी कई लटें जड़ से निकाल डालीं...उसने अपनी सारी ताक़त लगा दी। मगर मैंने तहैया कर लिया था कि जीत मेरी होगी...चुनांचे वो क़ालीन पर मुर्दे की तरह लेटा था...और मैं इतना हांप रही थी कि ऐसा लगता था, मेरी सांस एकदम रूक जायेगी...इतना हांफ्ते हुए भी मैंने उसके कुरते को चुन्दी-चुन्दी कर दिया। उस वक़्त मैंने उसका चौड़ा चकला सीना देखा तो मुझे मालूम हुआ कि वो बकवास क्या थी...वही वकवास जिसके बारे में हम हम दोनों सोचते थे। और कुछ समझ नहीं सकते थे...''

यह कह कर वो तेज़ी से उठ खड़ी हुई और अपने बिखरे हुए बालों को सर की जुंबिश से एक तरफ हटाते हुए कहने लगी : ''सादिक़...कमबख़्त का जिस्म वाक़ई खूबसूरत है...जाने मुझे क्या हुआ। एकदम मैं उस पर झुकी और उसे काटना शुरू किया...वो सी सी करता रहा। लेकिन जब मैंने उसके होंठों से अपने लहू भरे होंठ पैवस्त किए और उसे एक ख़तरनाक जलता हुआ बोसा दिया तो वो अंजाम रसीदा औरत की तरह ठण्डा हो गया। मैं उठ खड़ी हुई...मुझे उस से एक दम नफ़रत पैदा हो गई...मैंने पूरे ग़ौर से उसकी तरफ़ नीचे देखा...उसके ख़ूबसूरत बदन पर मेरे लहू और लिपिस्टिक की सुर्ख़ी ने बहुत ही बदनुमा बेल-बूटे बना दिये थे...मैंने अपने कमरे की तरफ देखा तो हर चीज़ बनावटी नज़र आई। चुनांचे मैंने जल्दी से दरवाज़ा खोला कि शायद मेरा दम घुट जाए और सीधी तुम्हारे पास चली आई।''

यह कह कर वो ख़ामोश हो गई...मुर्दे की तरह ख़ामोश। मैं डर गया। उसका एक हाथ जो चारपाई से नीचे लटक रहा था, मैंने छुआ...आग की तरह गर्म था।

''नीलम...नीलम...''

मैंने कई बार उसे ज़ोर-ज़ोर से पुकारा। मगर उसने कोई जवाब न दिया। आख़िर जब मैंने बहुत ज़ोर से खौफ़ज़दा आवाज़ में नीलम कहा तो वो चौंकी, और उठ कर जाते हुए उसने सिर्फ इतना कहा : ''सआदत, मेरा नाम राधा है!''

गर्भ-बीज*

"मालूम नहीं, बाबू गोपीनाथ की शख़्सियत वास्तव में ऐसी ही थी जैसी आपने उपन्यास में पेश की है या केवल आपके दिमाग़ की पैदावार है। पर मैं इतना जानता हूं कि ऐसे अजीबो-ग़रीब आदमी रोज़ नहीं मिलते हैं—मैंने जब आपका उपन्यास पढ़ा तो मेरा दिमाग़ तुरन्त ही अपने एक दोस्त की तरफ़ चला गया—सादिक़ की तरफ...आपके बाबू गोपीनाथ और इसमें बज़ाहिर कोई समानता नहीं है—लेकिन मैं ऐसा अनुभव करता हूं कि इन दोनों का खमीर एक ही मिट्टी से उठा है।...आपके बाबू गोपीनाथ को दौलत विरासत में मिली है—मेरे सादिक़ को अपनी मेहनत और ज़हानत के बदले में। दोनों शाह खर्च थे। आप का बाबू गोपीनाथ बज़ाहिर बुद्धू था ना चालाक—दरमियाने दर्जे की अक्ल व समझ का आदमी था। अपने काम में आठों गाँठ होशियार! हिसाब का पक्का। लेन-देन के सम्बन्ध में बड़ा नियम वाला। आपके बाबू गोपीनाथ को लुट जाने में मज़ा आता था। उसे दूसरों को लूटने में। बाबू साहिब को पीरों-फक़ीरों के तकियों और रन्डियों के कोठों से दिलचस्पी थी। सादिक़ को इनसे कोई दिलचस्पी नहीं थी—मगर इन विभेदों के बावजूद मैं जब भी बाबू गोपीनाथ को सादिक़ के साथ खड़ा करता हूं तो मुझे दोनों एक जैसे नज़र आते हैं, जैसे वह जुड़वा हों।

मैं विश्लेषण नहीं करना जानता—हो सकता है आप जब सादिक़ का हाल मुझसे सुने तो इसको इन्सानों की किसी और ही सफ में खड़ा कर दें। जिसमें बाबू गोपीनाथ की मूंछ का एक बाल भी न आ सकता हो लेकिन मैं यही समझूंगा कि आपके विश्लेषण में गलती हुई है और मैं आपसे दरख़्वास्त

* लेखक ने इस कहानी का शीर्षक नुत्फ़ा रखा था।

करूंगा कि उसे इस सफ से निकाल कर उस सफ में शामिल कर दीजिए जिसमें आपका बाबू गोपीनाथ उपस्थित है।

मैं अफसानानिगार नहीं–मालूम नहीं बाबू गोपीनाथ में जो हालात आपने बयान किए हैं या इनमें कुछ तब्दीली हुई है–बहरहाल जो कुछ भी है बहुत ख़ूब है। और जो कुछ इस अफ़साने में है अगर इसके अनुसार बाबू गोपीनाथ नहीं चला तो लानत है उस पर...और अगर वह ऐसा ही था जैसा कि अफसाने में है उस पर खुदा की रहमत हो...यक़ीन मानिए ऐसे लोग सम्मान के क़ाबिल होते हैं...और सादिक़ की गिनती भी ऐसे ही लोगों में होती है।

उससे मेरी मुलाक़ात दिल्ली में हुई। जंग का ज़माना था। ठेकेदारियां बड़े ज़ोरों पर थीं। सादिक़ की पांचों उंगली घी में थी और सर मुहावरे के अनुसार कढ़ाई में। मेल–मिलाप काफी था और शाह खर्च था ही। दस–बीस दावतें करता और एक कॉन्ट्रेक्ट अपनी जेब में डाल लेता।

एक बात है बेशक उसने बहुत कमाया–दोनों हाथ से गवर्नमेंट का माल लूटा। लेकिन इसमें उसने उन लोगों को बराबर का हिस्सा दिया जिन के द्वारा उसको इस लूट के अवसर बहम पहुंचे थे–इसी दौरान इसका गुज़र इन वादियों में हुआ जिनका बाबू गोपीनाथ एक बहुत बड़ा तीर्थयात्री था लेकिन बह इनमें भटका नहीं। दूसरों के साथ केवल रवादारी की ख़ातिर जाता रहा और वापस आकर अपने जूतों की गर्द झाड़ कर बैठ जाता। उसने बोतल से भी प्रशंसा प्राप्त की मगर गले मिलने की नौबत न आने दी। एक दो घोंट पी सिर्फ दूसरों का साथ देने के लिए। उन कोठों पर जहां आपके बाबू गोपीनाथ के कहने के अनुसार धोका ही धोका होता है–सादिक़ ने खुद को कभी धोका देने की कोशिश न की। एक दो बार उसने अपने साथियों की खुशी के लिए रन्डियों का मुंह चूमना पड़ा था। और कुछ वाहियात हरकतें भी करनी पड़ी थीं। मगर उसने इन से कोई मज़ा प्राप्त नहीं किया था।

वह रन्डी के सम्बन्धा में कभी सोच ही नहीं सकता था–लेकिन अगर मिलिट्री के नौजवानों के लिए रन्डियां एकत्र करने का ठेका उसे मिल जाता तो निःसंदेह बड़ा चिन्तित हो कर सोचना आरम्भ कर देता था। वह व्यापारी आदमी था।

लेकिन एक दम स्थिति ने कुछ ऐसा पलटा खाया कि सादिक़ वह सादिक़ ही न रहा। जंग ख़त्म हुई तो ठेके भी ख़त्म हो गए। फिर मुकदमों का कुछ ऐसा तांता बंधा कि सादिक़ कचहरियों के चक्कर में फंस गया। जो दौलत पैदा की थी सब मुकदमे में खर्च हो गई। मोटर के बजाये सादिक अब टाँगों

पर होता था या साइकिल पर। पहले नया–नया सूट उसके बदन पर होता था। अब उसे कपड़ों से कोई दिलचस्पी ही नहीं रही थी।

पहले उसके खुशामदी दोस्त उसे नवाब साहिब कह कर पुकारते थे अब वह सिर्फ "सादका"–ओए सादका" रह गया था। मगर उनकी इस आदत को सादिक़ ने बिल्कुल अनुभव नहीं किया था। उसको अपने मुकदमों की इतनी फिक्र थी कि वह किसी के बारे में सोच ही नहीं सकता था।

कचहरियों के इस चक्कर में उसने अपनी मर्ज़ी से बोतल की तरफ हाथ बढ़ाया और थोड़े ही दिनों में बड़े धड़ल्ले का शराबी बन गया–इसी दौरान में उसकी मुलाकात सरहद के एक खान से हुई जिसको वहां की हुकूमत ने मुलाज़िम कर रखा था। यह मुलाक़ात रन्डी के एक कोठे पर हुई। जीवन में सादिक पहली बार किसी व्यक्ति की सादगी से प्रभावित हुआ।

यह खान अपने क्षेत्र का बहुत बड़ा रईस था। बिल्कुल अनपढ़ मगर जाहिल नहीं था। इसका दिल व दिमाग कौम की उन्नति के लिए पूरी तरह रौशन था। वह एक बहुत बड़ी क्रान्ति चाहता था। ज़ो जुल्म व सितम को धूल की तरह बहा कर ले जाए। वह चाहता था कि दौलत की धिक्कार से दुनिया आजाद हो जाए–इन ख़्यालात की प्रक्रिया में वह अपने वतन से बाहर निकाल दिया गया था।

मैं आपकी तरह अफसाना निगार नहीं हूं। मुझसे हाशिया आराई नहीं होती। खान का आचरण भी कम दिलचस्प नहीं। किसी ज़माने में वह बड़ा जोशीला था। इस आंदोलन से सम्बन्धित हो कर उसने कई बार जेल देखी। अपनी जायदाद में से हजारों रूपए खर्च किए–जब बँटवारा हुआ तो मुस्लिम लीगी बन गया। क़ायदे आज़म मुहम्मद अली जिन्नाह से उसे इश्क हो गया। मुस्लिम लीग की व्यवस्था के लिए उसने प्रशंसापूर्ण सेवाएं कीं लेकिन फिर कुछ ऐसे हालात हुए कि वह जो शिक्षित थे उससे आगे बढ़ गए और बड़े बड़े पद पर जा बैठे। खान झुंझला गया। इस झुंझलाहट में उसने गज़ब का मुज़ाहिरा किया और नतीजा यह हुआ कि उसको कान से पकड़ कर बाहर निकाल दिया गया। जिस ज़माने में सादिक़ की उनसे मुलाक़ात हुई, उसकी हालत बिल्कुल बच्चों जैसी थी। उन बच्चों जैसी जिनकी मामूली शरारत पर सख़्तगीर मास्टर ने बेंच पर खड़ा कर दिया हो या मुर्ग़ा बना कर कक्षा के एक कोने में कान पकड़ने की सज़ा दे दी हो–सादिक़ जब भी मुझसे उनकी बात करता तो कहता "बड़ा सच्चा आदमी है–"

कुछ मैं भी उस खान से सम्बन्धित बातें जानता हूं। यह ज़ाहिर है कि

सिर्फ सच्चा ही एक ऐसा शब्द है जो उसकी तबीयत को पूरे तौर पर अपने अन्दर समेट लेता है—वतन से दूर था। सैंकड़ों मील दूर। मगर वतन की याद कभी उसे नहीं सताती थी—अपने गांव में एक छोड़ दो पत्नियां थीं मगर उनके सम्बन्धों पर कभी उसने परेशानी का इज़हार नहीं किया था। इसलिए कि उसका उस तरफ से पक्का यक़ीन था कि ज़मींदारी से जो कुछ बसूल होता है उनके खर्च के लिए काफी से ज़्यादा है। सात-आठ सौ रुपया माहवार। उसका मैंनेजर वहां से भेज देता था। जो उसकी मोटर के पेट्रोल और उसकी शराब पर उठ जाता था।

घर उसका हीरा मण्डी के एक कोठे पर था। सूबा बदर होने के बाद उसने कुछ दिन उस मण्डी के अलग-अलग कोठे पर झक मारी। अन्तत : एक कोठा चुन कर वहां मुस्तकिल तौर पर अपने डेरे जमा दिए। डेढ़-दो महीने के बाद खान साहिब को महसूस हुआ कि आपको इस कोठे की रन्डी से प्यार हो गया है। आपने सादिक़ को इस राज़ से बड़े "बीबेपन" के साथ आगाह किया। सादिक़—वह रन्डी जिसके कोठे पर तुमसे पहली मुलाक़ात हुई थी, हमारे दिल के अन्दर घुस गई है...उसको निकालने की कोई तरकीब तुम्हारे दिमाग के अन्दर आती है तो हम को बताओ।"

सादिक़ ने उसको बहुत सी तरकीबें बताई जिन पर ख़ान साहिब ने अमल भी किया मगर वह अपने दिल में अन्दर से इस रन्डी को शहर बदर न कर सके। अन्तत : एक बार फिर उसी बीबेपन के साथ सादिक़ से कहा "सादिक़—वह रन्डी हम पर सवार हो गई है। हम उस को अपनी बीवी बना लेगा।"

सादिक़ ने उसको बहुत समझाया बुझाया। मगर ख़ान साहब प्यार के हाथों मजबूर थे। रन्डी को भी वह पसंद आ गए थे। चुनांचे एक दिन वह पति-पत्नी बन गए। रन्डी के घर वालों को यह रिश्ता बिल्कुल पसन्द न आया। थोड़ी गड़बड़ हुई। आख़िर समझौता हो गया—रन्डी वहीं कोठे पर रही और ख़ान साहिब उसके पति की हैसियत से उसके साथ रहने लगे।

सादिक़ ने मुझसे कहा! "खान विचित्र आदमी है—इतने ऊंचे घराने से सम्बन्धा रखता है। अख़बारी और कानूनी दुनिया में नाम रखता है—लेकिन उसे कभी इतना ख़्याल नहीं आता कि वह एक बदनाम मुहल्ले में रहता है। एक रन्डी जिसके हज़ारों ग्राहक थे, उसकी बीवी है—मुझे कभी कभी हैरत होती है कि पठान हो कर उसकी ग़ैरत कहां सो रही है—सरहद में दो पत्नियां पड़ी हैं। औलाद मौजूद है मगर वह किस इत्मीनान से हीरा मण्डी के कोठे में एक चिचोड़ी हड्डी

चूसता है—उससे इस बारे में कुछ कहता हूं तो उसके चेहरे पर थोड़ी सी मुस्कुराहट पैदा होती है और वह मुझसे कहता है "सादिक़...वह लोग उधर राज़ी खुशी हैं...हमें कोई परेशानी नहीं...और यह रन्डी बहुत अच्छा है...हमसे मुहब्बत करता है...जो औरत इधर होता है ना मुहब्बत करना नहीं जानता—नाज़-नखरा नहीं जानता—और मुझे यक़ीन आ जाता है—मुझे इसकी हर बात का यक़ीन आ जाता है।"

और यह बात है कि सादिक़ जिसको पहले किसी बात का यक़ीन नहीं आता था, अब उस ख़ान के कहने पर चलता है—जब वो मुकदमों से फ़ारिग़ हुआ तो उसके कहने पर उसने मिलिट्री की छोड़ी हुई ज़मीन ढाने और उनका मलवा उठवाने का ठेका ले लिया। उस काम से उसे नफ़रत थी। मगर ख़ान साहब के मश्वरे को वो कैसे टाल सकता था चुनांचे एक बरस तक वो कुम्हारों और उनके 'गिद्धों' और मलबे की धूल-गुबार में फंसा रहा। लेकिन इसमें उसने काफी कमाया।

खुशामदी दोस्त-यार फिर उसके गिर्द जमा हो गए—मेरा ख़्याल था कि वो उन्हें मुंह नहीं लगायेगा, लेकिन उसने उनको दुतकारने की कोई कोशिश न की। पहले सिर्फ दस्तरख़्वान पर उनकी शमूलियत होती थी। अब बोतल में भी वो उसके शरीक होने लगे। ख़ान ने उसको बताया था कि शराब बहुत अच्छी चीज़ है। विशेष रूप से उस आदमी के लिए जिसे दर-बदर कर दिया गया हो। बोतल से मुंह लगाते ही एक नया जोश उसके दिलो-दिमाग़ में आबाद हो जाता है। जिसमें वो एक कोने से दूसरे कोने तक जहां चाहे स्टूल पर खड़ा होकर बाग़ियाना से बाग़ियाना तकरीर कर सकता है। और फिर रण्डी का कोठा...इससे बेहतरीन घर तो और कोई हो ही नहीं सकता। बीवी घरेलू और सगी क़िस्म की हो तो आदमी उसे गाली नहीं दे सकता। अगर रण्डी हो तो गंदी से गंदी गाली भी उसे दी जा सकती है—उसकी मां के सामने। उसकी फूफी के सामने। उसकी चची के सामने—और अगर कोई बाप मौजूद हो तो उसके भी सामने—फिर वो उसे अपने ख़ास-ख़ास और नये अंदाज़ में रोज़मर्रा ज़िन्दगी में गाली की अहमियत बयान करने लगता और उसे बताता कि, ये बहुत ज़रूरी चीज़ है। अगर आदमी इसे कभी-कभी अपने अन्दर से, बाहर न निकाले तो बदबू पैदा हो जाती है जो आख़िर में दिलो-दिमाग़ पर बहुत बुरा असर करती है—रंडी का कोठा—और घरेलू घर...ज़मीन और आसमान का फर्क़ है—वहां सौ बखेड़े होते हैं। इतना साज़ो-सामान और इतने रिश्ते होते हैं कि आदमी उनसे छुटकारा हासिल करना चाहता है तो पूरी ज़िन्दगी इसी कोशिश

में बसर हो जाए। मगर यहां रण्डी के कोठे पर ऐसी कोई मुश्किल नहीं–अपना सामान और ट्रक उठाओ। अचकन कांधे पर डालो और किसी होटल में जाकर बड़े इत्मीनान से तलाक़ का कागज़ लिख कर रवाना कर दो। एक बात और भी है। रण्डी को समझने में अगर दिक्क़त महसूस हो तो उसको इस्तेमाल करने वाले ऐसे कई आदमी मौजूद होंगे जिनके तजुर्बों से फायदा उठाया जा सकता है। फिर गाना बजाना मुफ़्त...अय्याशी की अय्याशी शादी की शादी–जी उक्ताया तो छोड़ कर चलते बने...कोई एतराज नहीं करेगा। कोई बुरा नहीं कहेगा। बल्कि वो जो शरीफ हैं मरहबा कहेंगे कि सुबह का भूला शाम को घर लौट आया...रंडी को लानती कहेंगे जो चिमट गई थी और खुदावन्दे करीम का शुक्र बजा लायेंगे कि उसने इनसे निजात दिलाई–और रंडी की ज़िन्दगी में भी कोई ज़लज़ला नहीं आता–उसके लगे-बंधे ग्राहक मौजूद ही होते हैं–तुम्हारी ठीकेदारी ख़त्म होती है तो वो इत्मीनान की सांस लेते हैं कि चलो हमारा रास्ता खुला।"

सादिक़ को ख़ान, रंडी से शादी के फायदे अक्सर बताता रहता था–बोतल से बड़े खुलूस के साथ मुंह लगा कर अब उसने रंडी के कोठों पर भी आना-जाना शुरू कर दिया था–मगर उसने उनमें वो बात अभी तक नहीं देखी थी जिसके मुताल्लिक़ वो अक्सर अपने पठान दोस्त से सुना करता था।

ख़ान को सादिक़ के दिल का हाल अच्छी तरह मालूम था। उसको पता चल गया था कि वो हीरा मंडी से उकता गया है। कारोबार अच्छा है। आमदनी की माकूल सूरत पैदा हो गई है। इसलिए वो अब अपना घर बनाना चाहता है। जिसमें उसकी एक अदद बीवी हो। दस अदद बच्चे हों–कलूट हों, पोतड़े हों। चूल्हा हो। चिमटा हो। तवा हो। वो फल ख़रीदे तो सीधा घर पहुंचे। शरब की बोतलों की बजाय, दूध की बोतलें ख़रीदे। मीरासियों और भड़वों की बजाये शरीफ़ लोगों से मिले। शुरू-शुरू में तो ख़ान अपने ख़ास अंदाज़ में उसे ऐसे वाहियात क़दम रोकने की नर्मो-नाज़ुक कोशिश करता रहा। लेकिन जब उसे मालूम हुआ कि उसने अपने मुहल्ले में किसी से कोई मुनासिब और मौजू रिश्ता ढूंढने के लिए कहा है तो उसको बहुत कोफ़्त हुई।

"सादिक़–ये तुम क्या हिमाक़त करने वाला है...शादी-वादी हर्गिज़ मत करना...ये दुनिया ऐसी है जहां किसी वक़्त भी तुमको सूबा बदर या शहर बदर कर दिया जा सकता है...मैं इतने बरस कांग्रेस में रहा हूं–सुर्ख़ पोश तहरीक चलाने में इतना काम मैंने किया है कि तुमको इसका अंदाज़ा नहीं हो सकता–मैंने अपनी पोलीटीकल लाइफ में सिर्फ ये सीखा है कि ज़िन्दगी में

तुम जिसको भी शरीक बनाओ। अटेची केस की तरह होनी चाहिए जिसको तुम हाथ में उठा कर चलते हो...या उसे वहीं छोड़ दो–वो ज़्यादा क़ीमती नहीं होनी चाहिए...क़ीमती चीज़ों को छोड़ देने का बड़ा ग़म रहता है...और तुम शादी न करो...बाज आओ इस ख़्याल से...वो रंडी जिसके पास तुम जाते हो क्या बुरी है–उससे इश्क़ करना शुरू कर दो–ये कोई मुश्किल काम नहीं–थोड़ी सी प्रेक्टिस कर लो तो सब ठीक हो जाएगा।''

सादिक़ ने घरेलू क़िस्म की औरत से शादी के हक़ में अपने दलाइल पेश किए मगर ख़ान के सामने उनकी कोई पेश न चली।

''सादिक़ तुम उल्लू हो–ख़ुदा की क़सम उल्लू हो...तुम हमारी बात नहीं मानता। जिसके पास दो बीवियां हैं। अपने क़बीले की–तुम हमारी बात मानो–हम तुम्हारा दोस्त है। पैठान है। ख़ुदा की क़सम खाकर कहता है कि हम झूठ नहीं बोलता–ये दुनिया जिसमें हम जैसे मुख़्लिस को राज्य निकाला का हुक्म देने वाले हाकिम मौजूद हैं, इसमें रंडी के कोठे को ही अपना घर बनाना चाहिये–हमको तो यहां बहुत आराम है...तुम भी हीरा मंडी में अपना घर बना लो और आराम करो।''

सादिक़ अजीब 'मख़मसे' में गिरफ़्तार था। मुझसे मिलकर वो घंटों बातें करता रहता वो हीरा मंडी के सख़्त ख़िलाफ़ था। मगर थोड़ी देर के बाद मैंने महसूस किया कि वो इसका क़ायल होता जा रहा है, क्योंकि अब वो ख़ान की कही हुई बातें यों सुनाता था जैसे उसके दिल को लग चुकी हैं। चुनांचे एक रोज़ उसने मुझ से कहा :

'मैंने सारी उम्र ठीकेदारी की है...और ठीकेदारी से बढ़कर बेईमानी का और कोई कारोबार नहीं हो सकता। इसका पहला खोट, इसका आख़िरी खोट–ये ऐसा बाज़ार है जिसमें कोई खरा सिक्का नहीं चल सकता–सुना है विलायत में ऐसी मशीनें हैं जिन में अगर खोटे सिक्के डाले जाएं तो वो बाहर निकाल देती हैं–लेकिन ठेकेदारी एक ऐसी मशीन है जिसमें अगर खरे सिक्के डाले जाएं तो कुबूल नहीं करेगी–फौरन बाहर निकाल देगी...मुझ सारी उम्र यही कारोबार करना है कि मुझे सिर्फ यही आता है...तो क्यों न मैं हीरा मंडी में अपना घर बनाऊं–वहां खरे सिक्के चलते हैं, लेकिन इनके बदले जो माल मिलता है उसमें सिर्फ खोट ही खोट होता है...मैं समझता हूं मेरी रूहानी तसकीन के लिए वहां की फिज़ा अच्छी रहेगी।''

फिर एक रोज़ उसने मुझे बताया। ''ख़ान बहुत खुश है–उसकी दोनों बीवियां वहां सरहद में उसके घर में खुश हैं। उसकी औलाद भी खुश है–उनकी

ख़ैर-ख़ैरियत उसको अपने मैंनेजर के द्वारा मालूम होती रहती है...यहां हीरा मंडी में उसकी रंडी भी खुश है—उसकी मां भी खुश है। उसकी फूफी भी खुश है। उसके मीरासी भी खुश हैं—और सब से बड़ी बात यह है कि ख़ान खुश है। कभी-कभी इन हाकिमों के ख़िलाफ़ एक बयान अख़बारों में छाप देता है जिन्होंने उसको राज्य निकाला दिया था और अपनी रंडी को सुना देता है : वो भी खुश हो जाती है—उस रात गाने बजाने की महफिल गर्म होती है और ख़ान मसनद पर गाव तकिये का सहारा लेकर यों बैठता है जिस तरह एक तमाशबीन उस्ताद साहब और मीरासियों से इस तरह बातें करता हे जैसे उसने नई तमाशबीनी शुरू की है—उसकी रंडी मुजरा करती है और वो जेब में हाथ डाल कर उसको दस रुपये का नोट देता है फिर पांच का। फिर दो का फिर एक रुपये वाला—इसके बाद वो महफिल बरख़ास्त कर देता है और उस रंडी के साथ सो जाता है और उस मनकूहा औरत के साथ ऐसी रात बसर करता है जो गुनाह आलूद हो...मैं तो समझता हूं, ये बड़ी मज़े की चीज़ है...''

लेकिन जब उस रंडी से शादी का सवाल पैदा हुआ यानी ख़ान ने सब मामला तैयार कर दिया और सिर्फ इजाबो-क़बूल की रस्म बाक़ी रह गयी तो सादिक़ पीछे हट गया। ख़ान आग बगूला हो गया। मेरे सामने उसने सादिक़ को बहुत बुरा-भला कहा।

'तुम्हारी समझ में पत्थर पड़ गये हैं सादिक़—तुम उल्लू के पट्ठे हो। शरीफ़ औरत से शादी कर के खुदा की क़सम तुम पछताओगे—ये दुनिया ऐसी नहीं है। परवरदिगार की क़सम जिसमें शराफ़त से शादी की जाए। इस मामले में रंडी अच्छी रहती है—तुम शरीफ़ मत बनो। याद रखो अगर तुम शरीफ़ बन गये तो 'जगह-बदर' कर दिये जाओगे—तुम हीरा मंडी में रहो। यहां सिर्फ यही एक सूबा है जिसमें से तुम बदर नहीं किए जा सकते इसलिए कि उसके साथ कोई हाकिम अपना रिश्ता क़ायम नहीं करेगा—तुम गधे हो...अपना घर यहीं बनाओ...इस से अच्छी जगह तुम्हें और कोई नहीं मिल सकती।''

सादिक़ ने अपने मुहल्ले में एक जगह बात पक्की कर ली थी। जब ख़ान ने उसको समझाया बुझाया तो उसने अपना इरादा बदल दिया लेकिन वो रंडी से शादी करने को तैयार न हुआ। उसने मुझ से कहा : मैंने अब शादी का ख़्याल ही छोड़ दिया है—मैं ख़ान का कहना ज़रूर मान लेता मगर मेरा दिल नहीं मानता—मैं अब ऐश करूंगा—एक रंडी के पास नहीं कई रंडियों के पास जाया करूंगा।''

और उसने अनगिनत रंडियों के यहां जाना शुरू कर दिया। उसे अब कई

ठेके मिल गये थे। उसके पास दौलत आ गई थी। हीरा मंडी से वो मोटर में गुज़रता तो चारों तरफ़ कोठों पर रंगीन मुस्कुराहटें तीतरियों की तरह उड़ने लगतीं—अब वो फिर नवाब साहब था—हीरा मंडी का नवाब साहब।

पूरे तीन बरस तक वो खेल खेलता रहा। शायद ख़ान की इस कोशिश का रद्देअमल था जो उसने सादिक़ को अपने क़ालिब में ढालने के लिए की थी। वो चाहता था कि अपने तजुर्बात का निचोड़ उसके हलक़ में डाल कर उसको अपने जैसा बना ले, मगर इसका नतीजा ये निकला कि सादिक़ इधर का रहा न उधर का—जिस रास्ते से उसको नफ़रत थी, वो उसी रास्ते का अथक मुसाफिर बन गया।

मैंने उसको बार-बार समझाया कि देखो सादिक़ बाज़ आ जाओ। अपनी जवानी, अपनी सेहत और अपनी दौलत यों बरबाद न करो। लेकिन वो न माना। मेरी बातें सुनता और मुस्कुरा देता। मेरी दुनिया खोट की दुनिया है। इसमें सिर्फ एक बटा सौ हिस्सा सीमेंट होता है बाक़ी सब रेत—और वो भी जिसमें आधी मिट्टी होती है—मेरी ठेका दारी में जो इमारत बनती है उसकी उम्र अगर काग़ज़ पर पच्चास साल है तो ज़मीन पर दस साल होती है—मैं अपने लिए पुख़्ता घर कैसे बनवा सकता हूं—रंडियां ठीक हैं—मैंने सोसाइटी के इस मल्बे का भी ठेका ले रखा है—हर रोज़ एक न एक बोरी ढोकर ठिकाने लगा देता हूं।"

वो बोरियां ढो-ढो कर अपनी दानिस्त में ठिकाने लगाता रहा—मैंने उससे मिलना-जुलना बन्द कर दिया। वो बहुत बदनाम हो चुका था—उसको मालूम था कि मैं उससे नाराज़ हूं। लेकिन उसने मुझे मनाने की कोई कोशिश न की।

डेढ़ बरस के बाद एक दिन अचानक वो मेरे पास आया। ऐसा लगता था कि वो बहुत ज़रूरी बात कहना चाहता है। मगर नहीं कह सकता। मैंने उससे पूछ : "कुछ कहने आए हो।"

उसने जवाब दिया : "हां—मैं शादी कर रहा हूं।"

"किस से?"

"एक रंडी से?"

मुझे बहुत गुस्सा आया। "बको नहीं।"

उसने बड़ी संजीदगी से कहा : "मैं मजबूर हो गया हूं।"

मैं चिड़ गया। "मजबूरी कैसी?"

सादिक़ ने सर झुका कर कहा : "उसके गर्भ ठहर गया है।"

ये सुन कर मैं ख़ामोश हो गया। इससे क्या कहूं। कुछ समझ में नहीं आता था। सादिक़ ने अपना झुका हुआ सर उठाया और कहना शुरू किया : "मैं

मजबूर हो गया हूं–शादी के सिवा कोई चारा नहीं।''

सादिक़ ने उस रंडी से शादी कर ली–मगर उसके कोठे को उसने अपना घर न बनाया–उन लोगों ने, ये रंडी जिनकी रोज़ी का ठेकरा थी, बहुत दंगा-फ़साद किया। मगर उसने कोई परवा न की। हज़ारों रुपये पानी की तरह बहा दिये और आख़िर कामियाब हो गया–उस रंडी से एक लड़की पैदा हुई। उसकी पैदाइश के छ : महीने बाद सादिक़ के दिल में जाने क्या आया कि उसने रंडी को तलाक़ दे दी और उससे कहा : तुम्हारा असल मक़ाम ये घर नहीं–हीरा मंडी है–जाओ इस लड़की को भी अपने साथ ले जाओ। इसको शरीफ़ बनाकर मैं तुम लोगों के कारोबार के साथ ज़ुल्म करना नहीं चाहता–मैं खुद कारोबारी आदमी हूं–ये नुक्ते अच्छी तरह समझता हूं–जाओ, खुदा मेरे इस गर्भ-बीज के की क़िस्मत बुलन्द करे–लेकिन देखो इसे नसीहत देती रहना कि किसी से शादी की गलती कभी न करे–ये ग़लत चीज़ है।''

मालूम नहीं जो कुछ मैंने बयान किया है। सादिक़ के मुताल्लिक़ ज़्यादा है या ख़ान के मुताल्लिक़–बहरहाल ये दोनों इसी पंक्ति के आदमी मालूम होते हैं जिसमें आपका बाबू गोपीनाथ मौजूद है–और इस दुनिया में जहां केवल बुराई है, ऐसे आदमी ज़रूर होने चाहिए जिनको सोसाइटी अपने और अपने बनाये हुए के मुंह पर तमांचे के तौर पर कभी-कभी मार सके।

पीरन

यह उस ज़माने की बात है जब मैं बहुत ग़रीब था। बम्बई में नौ रुपये माहवार की एक खोली में रहता था। जिसमें पानी का नल था न बिजली। एक बहुत गन्दी कोठरी थी जिसकी छत पर से हज़ारों खटमल मुझ पर गिरा करते थे। चूहों की संख्या भी बहुत थी–इतने बड़े चूहे मैंने फिर कभी नहीं देखे। बिल्लियां उनसे डरती थीं।

चाली यानी बिल्डिंग में सिर्फ एक ग़ुस्लख़ाना था। जिसके दरवाज़े टूटे हुए थे। सुबह सवेरे चाली की औरतें पानी भरने के लिए उस ग़ुस्लख़ाने में जमा हो जाती थीं। यहूदी, मरहठी, गुजराती, क्रिश्चियन–भांत-भांत की औरतें।

मेरा यह मामूल था कि उन औरतों के इकट्ठे होने से बहुत पहले गुसलख़ाना में जाता, दरवाज़ा भेड़ता और नहाना शुरू कर देता। एक रोज़ मैं देर से उठा। गुसलख़ाने में पहुंच कर नहाना शुरू किया तो थोड़ी देर के बाद खट से दरवाज़ा खुला। मेरी पड़ोसन थी, बग़ल में गागर दबाए। उसने मालूम नहीं क्यों एक क्षण के लिए मुझे गौर से देखा। फिर एक दम पलटी। गागर उसके बग़ल से फिसली और फर्श पर लुढ़कने लगी–ऐसी भागी जैसे कोई शेर उसका पीछा कर रहा है। मैं बहुत हंसा। उठ कर दरवाज़ा बन्द किया और नहाना शुरू कर दिया।

थोड़ी देर के बाद फिर दरवाज़ा खुला। बृजमोहन था। मैं नहा कर फरिग़ हो चुका था और कपड़े पहन रहा था। उसने मुझसे कहा : ''भई, मंटो, आज इतवार है।''

मुझे याद आ गया कि बृजमोहन को बान्द्रा जाना है। अपनी दोस्त पीरन

से मिलने के लिए। वो हर इतवार को उससे मिलने जाता था। वो एक मामूली शक्लो-सूरत की मामूली लड़की थी जिससे बृजमोहन का प्रेम चल रहा था।

हर इतवार को बृजमोहन मुझ से आठ आने ट्रेन के किराये के लिए लेता। पीरन के घर पहुंचता। दोनों आध घंटे तक आपस में बातें करते। बृजमोहन 'इलस्ट्रेटेड वीकली' के क्रॉस-वर्ड पज़ल के हल उसको देता और चला आता। वह बेकार था। सारा दिन सर न्योढ़ाए यह पज़ल अपनी दोस्त पीरन के लिए हल करता रहता था। उसको छोटे-छोटे कई इनाम मिल चुके थे, मगर वो सब पीरन ने वसूल किए थे। बृजमोहन ने उनमें से एक दमड़ी भी उससे न मांगी थी।

बृजमोहन के पास पीरन की अनगिनत तस्वीरें थीं। शल्वार कमीज़ में, चुस्त पैजामे में, साड़ी में, फ्राक में, बेडिंग कास्ट्यूम में, फैंसी ड्रेस में-लगभग सौ से ऊपर होंगी। पीरन ख़ूबसूरत नहीं थी, बल्कि मैं तो यह कहूंगा कि बहुत ही मामूली शक्लो-सूरत की थी। लेकिन मैंने अपनी इस राय का इज़्हार बृजमोहन से कभी नहीं किया था। मैंने पीरन के बारे में कभी कुछ पूछा ही नहीं था कि वो कौन है, क्या करती है। बृजमोहन से उसकी मुलाक़ात कैसे हुई। इश्क़ की शुरूआत क्योंकर हुई, क्या वो उससे शादी करने का इरादा रखता है? बृजमोहन ने भी इस बारे में मुझ से कभी बातचीत न की थी। बस हर इतवार को वह नाश्ते के बाद मुझ से आठ आने किराये के लेता और उससे मिलने के लिए बान्द्रा चला जाता और दोपहर तक लौट आता।

मैंने खोली में जाकर उसको आठ आने दिये, वो चला गया। दोपहर को लौटा तो उसने मुझ से कहा : "आज मामला ख़त्म हो गया।"

मैंने उससे पूछा : "कौन सा मामला?" मुझे मालूम नहीं था कि वह किस मामले की बात कर रहा है।

बृजमोहन ने, जैसे उसके सीने का बोझ हल्का हो गया हो, मुझ से कहा : "पीरन से आज दो टूक फैसला हो गया है-मैंने उससे कहा-जब भी तुमसे मिलना शुरू करता हूं, मुझे कोई काम नहीं मिलता। तुम बहुत मनहूस हो। उसने कहा, बेहतर है, मिलना छोड़ दो। देखूंगी तुम्हें कैसे काम मिलता है। मैं मनहूस हूं, मगर तुम पर्ले दर्जे के निखट्टू और कामचोर हो-सो अब यह क़िस्सा ख़त्म हो गया है और मेरा ख़्याल है इंशाअल्लाह कल ही मुझे काम मिल जायेगा। सुबह तुम मुझे चार आने देना। मैं सेठ नानू भाई से मिलूंगा, वो मुझे ज़रूर अपना असिस्टेंट रख लेगा।"

यह सेठ नानू भाई जो फिल्म डायरेक्टर था, कई बार बृजमोहन को नौकरी

देने से इंकार कर चुका था। क्योंकि उसका भी पीरन की तरह यही ख़्याल था कि वह कामचोर और निकम्मा है। लेकिन दूसरे दिन जब बृजमोहन मुझ से चार आने लेकर गया तो दोपहर को उसने मुझे यह खुशख़बरी सुनाई कि सेठ नानू भाई ने बहुत खुश होकर उसे ढाई सौ रुपये माहवार पर नौकरी दे दी। कान्ट्रेक्ट एक बरस का है, जिस पर दस्तख़त हो चुके हैं। फिर उसने जेब में हाथ डाल कर सौ रुपये निकाले और मुझे दिखाये : "यह एडवांस" है–जी तो मेरा चाहता है कि कान्ट्रेक्ट और सौ रुपये लेकर बान्द्रा जाऊं और पीरन से कहूं कि लो देखो, मुझे काम मिल गया है। लेकिन डर है कि नानू भाई मुझे फौरन जवाब दे देगा–मेरे साथ एक नहीं कई बार ऐसा हो चुका है। इधर नौकरी मिली, उधर पीरन से मुलाक़ात हुई–मामला साफ़। किसी न किसी बहाने मुझे निकाल बाहर किया गया। खुदा मालूम उस लड़की में ये मनहूसियत कहां से आ गई। अब मैं कम से कम एक बरस तक उसका मुंह नहीं देखूंगा। मेरे पास कपड़े बहुत कम रह गये हैं। एक बरस लगा कर कुछ बनवा लूं तो फिर देखा जायेगा।"

छ : महीने बीत गये। बृजमोहन बराबर काम पर जा रहा था। उसने कई नये कपड़े बनवा लिये थे। एक दर्जन रूमाल भी ख़रीद लिये थे। अब वो तमाम चीज़ें उसके पास थीं। जो एक कुंवारे आदमी के आरामो–आसाइश के लिए ज़रूरी होती हैं। एक दिन वो स्टूडियो गया हुआ था कि उसके नाम एक ख़त आया। शाम को जब वो लौटा तो मैं उसे यह ख़त देना भूल गया। सुबह नाश्ते पर मुझे याद आया तो मैंने यह ख़त उसके हवाले कर दिया लिफ़ाफ़ा पकड़ते ही वो ज़ोर से चीखा : "लानत!"

मैंने पूछा : "क्या हुआ?"

"वही पीरन–अच्छी भली ज़िन्दगी गुज़र रही थी।" यह कह कर उसने चम्मच से लिफाफ़ा खोला, ख़त का कागज़ निकाला और मुझ से कहा : "वही कमबख़्त है–मैं कभी भी उसकी हैंडराइटिंग नहीं भूल सकता हूं।"

मैंने पूछा : "क्या लिखती है?"

"मेरा सर–कहती है मुझ से इस इतवार को ज़रूर मिलो, तुम से कुछ कहना है।" यह कह कर बृजमोहन ने ख़त लिफ़ाफ़े में डाला और जेब में रख लिया। "लो भई मंटो, नौकरी से इंशाअल्लाह कल ही जवाब मिल जायेगा।"

"क्या बकवास करते हो!"

मोहन ने बड़े विश्वास से कहा : "नहीं मंटो, तुम देख लेना। कल इतवार है। सेठ नानू भाई को ज़रूर मुझ से कोई न कोई शिकायत पैदा होगी और वो

मुझे फौरन निकाल बाहर करेगा।''

मैंने उससे कहा : ''अगर तुम्हें इतना विश्वास है तो मत जाओ उससे मिलने।''

''यह नहीं हो सकता–वो बुलाए तो मुझे जाना ही पड़ता है।''

''क्यों?''

''नौकरी करते-करते कुछ मैं भी उकता चुका हूं–छ : महीने से ऊपर हो गये हैं।'' यह कह कर वह मुस्कुराया और चला गया।

दूसरे दिन नाश्ता कर के वह बान्द्रा चला गया। पीरन से मुलाक़ात कर के लौटा तो उसने मुलाक़ात के बारे में कोई बात न की। मैंने उससे पूछा : ''मिल आए अपने मंहूस सितारे से?''

''हां भई–उससे कह दिया कि नौकरी से बहुत जल्द जवाब मिल जायेगा–'' यह कह कर वो खाट पर से उठा : चलो आओ खाना खा आएं।''

''हम दोनों ने हाजी के होटल में खाना खाया। इस दौरान में पीरन की कोई बात न हुई। रात को सोने से पहले उसने सिर्फ इतना कहा : ''अब देखिये कल क्या गुल-खिलता है।''

मेरा ख़्याल था कि कुछ भी नहीं होगा मगर दूसरे दिन बृजमोहन नियम के विरुद्ध स्टूडियो से जल्दी लौट आया, मुझ से मिला तो ज़ोर से हंसा : ''छुट्टी मंटो भाई।''

मैंने समझा मज़ाक़ कर रहा है : ''हटाओ जी।''

''जो हटना था वो हट गया–अब मैं कैसे हटाऊं–सेठ नानू भाई पर आंच आ गई है–स्टूडियो सील हो गया है। मेरी वजह से अकारण बेचारे नानू भाई पर भी आफ़त आई।'' यह कह कर बृजमोहन फिर हंसने लगा।

मैंने सिर्फ इतना कहा : ''यह अजीब सिलसिला है।''

''देख लो–इसे कहते हैं हाथ कंगन को आरसी क्या।'' बृजमोहन ने सिगरेट सुलगाया और कैमरा उठाकर बाहर घूमने चला गया।

बृजमोहन अब बेकार था। जब उसकी जमापूंजी ख़त्म हो गई तो उसने हर इतवार को फिर मुझ से बान्द्रा जाने के लिए आठ आने मांगने शुरू कर दिये। मुझे अभी तक मालूम नहीं आध-पौन घंटे में वो पीरन से क्या बातें करता था। वैसे वो बहुत अच्छी गुफ़्तुगू करने वाला था। मगर उस लड़की से जिसके मनहूसपन का उसको मुकम्मल तौर पर यक़ीन था, वो किस क़िस्म की बातें करता था मैंने एक दिन उससे पूछा : '' बृज क्या पीरन को भी तुम से मुहब्बत है?''

"नहीं, वो किसी और से मुहब्बत करती है।"

"तुम से क्यों मिलती है?"

'इसलिए कि मैं ज़हीन हूं, उसके भद्दे चेहरे को ख़ूबसूरत बना कर पेश कर सकता हूं। उसके लिए क्रॉसवर्ड पज़ल हल करता हूं। कभी-कभी उसको इनाम भी दिलवा देता हूं—मंटो तुम नहीं जानते इन लड़कियों को। मैं ख़ूब पहचानता हूं इन्हें। जिनसे वो मुहब्बत करती है, उसमें जो कमी है, मुझ से मिल कर पूरी कर लेती है।" यह कह कर वो मुस्कुराया : "बड़ी चार सौ बीस है।"

मैंने बड़ी हैरत से पूछा : "मगर तुम क्यों उससे मिलते हो?"

बृजमोहन हंसा, चश्मे के पीछे अपनी आंखें सिकोड़ कर उसने कहा : "मुझे मज़ा आता है।"

"किस बात का?"

"उसकी मनहूसियत का—मैं उसका इम्तिहान ले रहा हूं। उसके मनहूसपन का—ये मनहूस अपने इम्तिहान में पूरी उतरी है। मैंने जब भी उससे मिलना शुरू किया मुझे अपने काम से जवाब मिला—अब मेरी एक ख़्वाहिश है कि उसके मनहूस असर को चकमा दे जाऊं।"

मैंने उससे पूछा : "क्या मतलब?"

बृजमोहन ने बड़ी संजीदगी से कहा : "मेरा जी चाहता है कि नौकरी से जवाब मिलने से पहले नौकरी से अलग हो जाऊं, यानी खुद अपने आक़ा को जवाब दे दूं। उसके बाद में कहूं, जवाब मुझे मालूम था कि आप मुझे हटाने वाले हैं, इसलिए मैंने आपको ज़हमत न दी और खुद अलग हो गया और आप मुझे हटा नहीं रहे थे, यह मेरी दोस्त पीरन थी जिसकी नाक कैमरे में इस तरह घूसती है जैसे तीर।"

बृजमोहन मुस्कुराया : "यह मेरी एक छोटी सी ख़्वाहिश है, देखो पूरी होती है या नहीं।"

मैंने कहा : "अजीबो-ग़रीब ख़्वाहिश है।"

"मेरी हर चीज़ अजीबो-ग़रीब होती है—पिछले इतवार मैंने पीरन के उस दोस्त के लिए जिससे वो मुहब्बत करती है, एक फोटो तैयार करके दिया। उल्लू की दुम उसे कम्पटीशन में भेजेगा—यक़ीनी तौर पर इनाम मिलगा उसे।" यह कह कर वो मुस्कुराया।

बृजमोहन वाक़ई अजीबो-ग़रीब आदमी था। वो पीरन के दोस्त को कई बार फोटो तैयार करके दे चुका था। इलस्ट्रेटेड वीकली में यह फोटो उसके नाम से छपते थे और पीरन बहुत खुश होती थी। बृजमोहन उनको देखता था तो

मुस्कुरा देता था। वो पीरन के दोस्त की शक्ल, सूरत से 'ना-आशना' था। पीरन ने बृजमोहन से उसकी मुलाक़ात तक न कराई थी। सिर्फ इतना बताया था कि वो किसी मिल में काम करता है और बहुत ख़ूबसूरत है।

एक इतवार बृज़ बान्द्रा से वापस आया तो उसने मुझसे कहा :"लो भई मंटो, आज मामला ख़त्म हो गया।"

मैंने उससे पूछा : "पीरन वाला?"

"हां भई-कपड़े खत्म हो रहे थे, मैंने सोचा कि यह सिलसिला ख़त्म करो-अब इंशाअल्लाह कुछ दिनों ही में कोई न कोई नौकरी मिल जाएगी-मेरा ख़्याल है सेठ नयाज़ अली से मिलूं-उसने एक फिल्म बनाने का एलान किया है-कल ही जाऊंगा तुम यार ज़रा उसके दफ़्तर का पता लगा लेना।"

मैंने उसके दफ़्तर का नया फोन एक दोस्त से पूछ कर बृजमोहन को बता दिया। वो दूसरे दिन वहां गया। शाम को लौटा। उसके संतुष्ट चेहरे पर मुस्कुराहट थी। "लो भई मंटो" यह कह कर उसने जेब से टाइप किया कागज़ निकाला और मेरी तरफ फेंक दिया : "एक पिक्चर का कांट्रेक्ट। तनख़्वाह दो सौ रुपये महीना। कम है, लेकिन सेठ नयाज़ अली ने कहा है बढ़ा दूंगा-ठीक है।"

मैं हंसा "-अब पीरन से कब मिलोगे?"

बृजमोहन मुस्कुराया, "कब मिलूंगा, मैं भी यही सोच रहा था कि मुझे उससे कब मिलना चाहिए-मंटो यार, मैंने तुमसे कहा था कि एक मेरी छोटी-सी ख़्वाहिश है, बस वो पूरी हो जाए-मेरा ख़्याल है मुझे इतनी जल्दी नहीं करनी चाहिए। ज़रा मेरी तीन चार जोड़े बन जाएं। पचास रुपये एडवांस ले आया हूं। पच्चीस तुम रख लो।"

पच्चीस मैंने ले लिए। होटल वाले का क़र्ज़ था जो फौरन चुका दिया गया। हमारे दिन बड़ी खुशहाली से गुज़रने लगे। सौ रुपया महावार मैं कमा लेता था, दो सौ रुपये महीना बृजमोहन ले आता था। बड़े ऐश थे। पांच महीने बीत गए कि अचानक एक दिन पीरन का ख़त बृजमोहन को मिला : लो भाई मंटो, इज़्राईल साहब तशरीफ़ ले आए।"

सही बात है कि मैंने भी उस वक़्त ख़त देख कर खौफ़ सा महसूस किया, मगर बृजमोहन ने मुस्कुराते हुए लिफाफ़ा खोला। ख़त का कागज़ निकाल कर पढ़ा। ख़त छोटा था। मैंने बृज से पूछा : "क्या फरमाती हैं?"

"फ़रमाती हैं, इतवार को मुझ से ज़रूर मिलो। एक बहुत जरूरी काम है। "बृजमोहन ने ख़त लिफाफे में वापस डाल कर अपनी जेब में रख लिया।

मैंने उससे पूछा : "जाओगे?"

"जाना ही पड़ेगा–" फिर उसने यह फ़िल्मी गीत गाना शुरू कर दिया।

"मत भूल मुसाफिर तुझे जाना ही पड़ेगा।"

मैंने उससे कहा : "बृज, मत जाओ उससे मिलने–बड़े अच्छे दिन गुज़र रहे हैं हमारे–तुम नहीं जानते, मैं खुदा मालूम किस तरह तुम्हें आठ आने दिया करता था।"

बृजमोहन मुस्कुराया : "मुझे सब मालूम है, लेकिन अफसोस है कि अब वो दिन फिर आने वाले हैं जब तुम खुदा मालूम किस तरह मुझे हर इतवार आठ आने दिया करोगे।"

इतवार को बृजमोहन पीरन से मिलने बान्द्रा गया। वापस आया तो उसने मुझ से सिर्फ इतना कहा : "मैंने उससे कहा, यह बारवहीं मरतबा है कि मुझे तुम्हारी मनहूसियत की वजह से हटना पड़ेगा–तुम पर रहमत हो ज़रतुश्त की!"

मैंने पूछा : "उसने यह सुन कर कुछ कहा?"

बृज ने जवाब दिया : "फ़क़त ये–तुम सिली इडियट हो।"

"तुम हो?"

"सौ फ़ीसद!" यह कह कर बृज हंसा। "अब में कल सुबह दफ़्तर जाते ही इस्तीफ़ा पेश कर देने वाला हूं। मैंने वहीं पीरन के यहां लिख लिया था।"

बृजमोहन ने मुझे इस्तीफा का कागज़ दिखाया। दूसरे दिन असाधारण तौर पर उसने जल्दी-जल्दी नाश्ता किया और दफ़्तर चला गया। शाम को लौटा तो उसका चेहरा उतरा हुआ था। उसने मुझ से कोई बात न की। मुझे आख़िर उससे पूछना पड़ा : "क्यों बृज, क्या हुआ?"

उसने बड़ी ना उमीदी से सर हिलाया : "कुछ नहीं यार–सारा क़िस्सा ही ख़त्म हो गया।"

"क्या मतलब?"

"मैंने सेठ नयाज़ अली को अपना इस्तीफा पेश किया तो उसने मुस्कुरा कर मुझे एक आफीशियल ख़त दिया। उसमें लिखा था कि मेरी तंख्वाह पिछले महीने से दो सौ के बजाये तीन सौ रुपये महीना कर दी गई है।"

पीरन से बृजमोहन की दिलचस्पी ख़त्म हो गई। उसने मुझ से एक दिन कहा : "पीरन की मनहूसियत ख़त्म होने के साथ ही वो भी ख़त्म हो गई–और मेरा एक निहायत दिलचस्प मशग़ला भी ख़त्म हो गया। अब कौन मुझे बेकार रखने का कारण होगा।"

ख़ूरशिट

हम दिल्ली में थे। मेरा बच्चा बीमार था। मैंने पड़ोस के डॉक्टर कापड़िया को बुलाया। वो एक कुबड़ा आदमी था। बहुत पस्त क़द। लेकिन बेहद शरीफ़। उसने मेरे बच्चे का बड़े अच्छे तरीक़े पर इलाज किया। उसको फीस दी तो उसने क़बूल न की। यों तो वो पारसी था लेकिन बड़ी साफ उर्दू बोलता था, इसलिये कि वो दिल्ली ही में पैदा हुआ था और उसने वहीं पढ़ाई की थी।

हमारे सामने वाले फ्लैट में मिस्टर खेशवाला रहता था। ये भी पारसी था। उसके ज़रिये हमने डॉक्टर कापड़िया को बुलाया था। तीन-चार बार हमारे यहां आया तो उससे हमारे ताल्लुक़ात बढ़ गए। डाक्टर के यहां मेरा और मेरी बीवी का आना जाना शुरू हो गया। इसके बाद डॉक्टर ने हमारी मुलाक़ात अपने लड़के से कराई। उसका नाम सावक कापड़िया था। वो बहुत ही मिलनसार आदमी था। रंग बहुत ही पीला, ऐसा लगता था कि उसमें ख़ून है ही नहीं। सिंगर मशीन कम्पनी में मुलाज़िम था। ग़ालिबन पांच-छ : सौ रुपये महीना पाता था। बहुत साफ सुथरा रहता था। उसका घर जो हमारे घर से कुछ फासले पर था, बहुत नफ़ासत से सजा हुआ था। मजाल है कि गर्दो-ग़ुबार का एक ज़र्रा भी कहीं नज़र आ जाये।

जब मैं और मेरी बीवी शाम को उनके यहां जाते तो वो उसकी बीवी खुर्शीद जिसको पारसियों की ज़बान में ख़ूरशिट कहा जाता था, बड़े तपाक से पेश आते और हमारी ख़ूब ख़ातिर-तवाज़ा करते।

खुर्शीद यानी ख़ूरशिट लम्बे क़द की औरत थी। आम पारसियों की तरह उसकी नाक बदनुमा नहीं थी, लेकिन खूबसूरत भी नहीं थी। मोटी पकौड़ा ऐसी नाक थी। लेकिन रंग सफेद था इसलिए गोरी हो गई थी। बाल कटे हुए थे।

चेहरा गोल था। खुशपोश थी इसलिए अच्छी लगती थी। मेरी बीवी से चंद मुलाक़ातों में ही दोस्ती हो गई थी। इसलिए हम उसके यहां अक्सर जाने लगे। वो दोनों मियां-बीवी भी हर दूसरे-तीसरे दिन हमारे यहां आ जाते थे और देर तक बैठे रहते थे।

हम जब भी सावक के यहां गए, एक सिक्ख को उनके यहां देखा। यह सिक्ख हेल्दी आदमी था। बहुत अच्छे मिज़ाज का। सावक ने मुझे बताया कि सरदार ज़ोरावर सिंह उसका बचपन का दोस्त है। दोनों इकट्ठे पढ़ते थे। एक साथ उन्होंने बी.ए.पास किया। लेकिन शक्लो-सूरत में सरदार ज़ोरावर सिंह, सावक के मुक़ाबले में ज़्यादा उम्र का नज़र आता था। सावक शायद ख़ून की कमी के कारण बहुत ही छोटा मालूम होता था। ऐसा लगता था कि उसकी उम्र अठारह बरस से ज़्यादा नहीं, लेकिन सरदार ज़ोरावर सिंह चालीस के ऊपर मालूम होता था।

सरदार ज़ोरावर सिंह कुंवारा था। जंग का ज़माना था। उसने सरकार से कई ठीके ले रखे थे। उसका बाप बहुत पुराना गवर्नमेंट कान्ट्रेक्टर था। लेकिन बाप बेटे में बनती नहीं थी। सरदार ज़ोरावर सिंह आज़ाद ख़्याल था लेकिन वो अपने बाप ही के साथ रहता था। लेकिन वो एक दूसरे से बात नहीं करते थे। अलबत्ता उसकी मां उससे बहुत प्यार करती थी जैसे वो छोटा-सा बच्चा है। इसका कारण यह था कि वो मां का इकलौता लड़का था। तीन बेटियां थी, वो अपने घर में आबाद हो चुकी थी। अब उसकी ख़्वाहिश थी कि वो शादी कर ले और उसके कलेजे को ठंढक पहुंचाये, मगर वो इसके मुताल्लिक़ बात करने को तैयार ही नहीं था।

मैंने एक बार उससे पूछा : "सरदार साहब, आप शादी क्यों नहीं करते?"

उसने मूंछों के अन्दर हंस कर जवाब दिया : "करूंगा, इतनी जल्दी क्या है!"

मैंने पूछा : "आपकी उम्र क्या है?"

उसने कहा : "आपका क्या ख़्याल है?"

"मेरे ख़्याल के मुताबिक़ आपकी उम्र चालीस बरस होगी।"

सरदार ज़ोरावर सिंह मुस्कुराया : "आपका अंदाज़ा ग़लत है।"

"आप फ़रमाइये, आपकी उम्र क्या है?"

सरदार ज़ोरावर सिंह फिर मुस्कुराया "मैं आपसे बहुत छोटा हूं- उम्र के लिहाज़ से भी-मैं अभी परसों उनतीस अगस्त को पच्चीस बरस का हुआ हूं।"

मैंने अपने ग़लत अंदाज़े की माफी चाही : "लेकिन आपकी शक्लो-सूरत से, जहां तक मैं समझता हूं, कोई भी यह नहीं कह सकता कि आपकी उम्र पच्चीस बरस है।"

सरदार ज़ोरावर सिंह हंसा : "मैं सिक्ख हूं-और बहुत ही असाधारण सिक्ख।" यह कहकर उसने ग़ौर से मुझे देखा : "मंटो साहब आप हजामत क्यों नहीं कराते, इतने बड़े बालों से आपको वहशत नहीं होती?"

मैंने गर्दन पर हाथ फेरा। बाल बाक़ई बहुत बढ़े हुए थे। ग़ालिबन तीन महीने हो गए थे जब मैंने बाल कटवाए थे। सरदार ज़ोरावर सिंह ने बात की तो मुझे सर पर एक बोझ-सा महसूस हुआ : "याद ही नहीं रहा। अब आपने कहा है तो मुझे वहशत महसूस हुई है। खुदा मालूम मुझे क्यों बाल कटवाने याद नहीं रहते-यह सिलसिला है ही कुछ वाहियात। एक घंटा नाई के सामने सर न्योढ़ाए बैठे रहो। वो अपनी खुराफ़ात बकता रहे और आप मजबूरन कान समेटे सुनते रहें। फलां एक्ट्रेस ऐसी है, फ़लां एक्ट्रेस वैसी है। अमरीका ने एटम बम ईजाद कर लिया है। रूस के पास इसका बहुत ही तगड़ा जवाब मौजूद है। ये ऐटली कौन है...और वो मसोलेनी कहां गया-अब मैं अगर उससे कहूं कि जहन्नम में गया है तो वो ज़रूर पूछता है कि साहब कैसे गया, किस रास्ते से गया। कौन से जहन्नम में गया।"

मेरी इतनी लम्बी चौड़ी बात सुनकर सरदार ज़ोरावर सिंह ने अपनी सफेद पगड़ी उतारी-मुझे सख़्त हैरत हुई इसलिए कि उसके केस नदारद थे। इनके बजाये हलके ख़शख़शी बाल थे। लेकिन वो पगड़ी इस अंदाज़ से बांधता था कि मालूम होता था कि उसके केस हैं, और साबितो-सालिम हैं।

बड़ी सफ़ाई से पगड़ी उतार कर उसने मेरी तिपाई पर रखी और मुस्कुराकर कहा : "मैं तो इस से बड़े बाल कभी बर्दाश्त नहीं कर सकता।"

मैंने उसके बालों के मुताल्लिक़ कोई बात न की, इसलिए कि मैंने मुनासिब नहीं समझा। उसने भी इनके मुताल्लिक़ सिर्फ़ इतना कहा था : "मैं तो इससे बड़े बाल कभी बर्दाश्त नहीं कर सकता।" इसके बाद उसने गुफ्तगू का विषय बदल दिया और कहा : "मंटो साहब! खुर्शीद के लिए आप कुछ कीजिये!"

मैं कुछ न समझा : "कौन खूरशीट?"

सरदार जोरावर सिंह ने पगड़ी उठाकर अपने सर पर रख ली : "खुर्शीद कापड़िया के लिए।"

"मैं उनकी क्या ख़िदमत कर सकता हूं?"

"उसको गाने का बहुत शौक है।"

मुझे मालूम नहीं था कि खुरशिट गाती है। "कैसा गाती है?"

सरदार ज़ोरावर सिंह खुरशिट की गाइकी के बारे में इतनी तारीफ़ की कि मुझे यह सब मुबालग़ा मालूम हुआ।

"मंटो साहब बहुत अच्छी आवाज़ पाई है। खुसूसन ठुमरी ऐसी अच्छी गाती है कि आप वज्द में आ जायेंगे। आपको ऐसा मालूम होगा कि ख़ान साहब अब्दुल करीम को सुन रहे हैं। और लुत्फ़ यह कि खुर्शीद ने किसी की शागिर्दी नहीं की–बस जो मिला है, कुदरत से मिला है। आप आज शाम को आइये–मिसेज़ मंटो भी ज़रूर तशरीफ़ लाएं। मैं खुर्शीद को बुलाऊंगा। आप ज़रा इसे सुनियेगा।"

मैंने कहा : "ज़रुर–मुझे मालूम नहीं था कि वो गाती है।"

सरदार ज़ोरावर सिंह ने सिफारिश के तौर पर कहा : "आप रेडियो स्टेशन में हैं। मैं चाहता हूं कि खुर्शीद को हर महीने कुछ प्रोग्राम मिल जाया करे। रुपये की उसको ख़्वाहिश नहीं है।"

"लेकिन अगर उनको प्रोग्राम मिलेगा तो मुआवजा भी ज़रूर मिलेगा। गवर्नमेन्ट इनका मुआवज़ा किस खाते में डालेगी?"

यह सुन कर सरदार ज़ोरावर सिंह मुस्कुराया : "तो ठीक है। लेकिन उसे प्रोग्राम ज़रूर दिलवाइयेगा–मुझे यक़ीन है सुनने वाले उसे बहुत पसंद करेंगे।"

इस गुफ्तुगू के बाद हम तीसरे रोज़ सावक के यहां गये। वो मौजूद नहीं था, लेकिन ड्राइंग रूम में सरदार ज़ोरावर सिंह बैठा सिगरेट पी रहा था। पारसियों में सिगरेट पीना मना है, सिक्ख भी सिगरेट नहीं पीते, लेकिन वो बड़े इत्मीनान और ठाठ से कश पे कश ले रहा था। मैं और मेरी बीवी कमरे में दाख़िल हुए तो उसने सिगरेट पीना बन्द कर दिया। एशट्रे में उसकी गर्दन मरोड़ कर उसने हमें ख़ालिस इस्लामी अंदाज़ में सलाम किया और कहा : खुर्शीद की तबीयत आज कुछ नासाज़ है।"

खुर्शीद कुछ देर के बाद आई तो मैंने महसूस किया कि उसकी तबियत नासाज़ नहीं है। मैंने उससे पूछा तो उसने अपने मोटे होंटों पर मुस्कुराहट पैदा कर के कहा : "ज़रा जुकाम था।"

मगर उसको जुकाम नहीं था। सरदार ज़ोरावर सिंह ने बड़े ज़ोरदार अंदाज़ में खुर्शीद से उसका हाल पूछा। जुकाम के लिए कम से कम दवाइयों के नाम बताये, पांच डाक्टरों के हवाले दिये, मगर वो ख़ामोश रही जैसे वो इस क़िस्म की बकवास सुनने की आदी है। इतने में खुर्शीद का पति सावक कापड़िया

आ गया। दफ़्तर में काम की ज़्यादती की वजह से उसे देर हो गई थी। मुझ से और मेरी बीवी से उसने माफी चाही, सरदार ज़ोरावर सिंह से कुछ देर मज़ाक़ किया और हम से चन्द मिनट की रुख़सत लेकर अन्दर चला गया, इसलिए कि उसे अपनी बच्ची को देखना था।

उसकी पहलौठी की बच्ची बहुत प्यारी थी। मियां बीवी की बस यही एक औलाद थी। लगभग डेढ़ बरस की थी। रंग बाप की तरह पीला–नयन नक़्श मां पर थे, बाक़ी मालूम नहीं किसके थे। बहुत हंसमुख थी। सावक उसको गोद में उठाकर लाया और हमारे पास बैठ गया। उसको अपनी बच्ची से बेहद प्यार था। दफ्तर से वापस आकर वो सारा वक़्त उसके साथ खेलता रहता। मेरा ख़्याल है क़रीब–क़रीब हर हफ़्ते वो उसके लिए खिलौने लाता था। शीशों वाली बड़ी अल्मारी थी जो इन खिलौनों से भरी हुई थी।

सरदार ज़ोरावर सिंह के मुताल्लिक़ बात छिड़ी तो सावक ने उसकी बहुत तारीफ़ की। उसने मुझ से और मेरी बीवी से कहा : "सरदार ज़ोरावर मेरा बहुत पुराना दोस्त है। हम दोनों लंगोटिये हैं। दोनों इकट्ठे पढ़ा करते थे। पहली क्लास से लेकर अब तक हम दोनों हर रोज़ एक दूसरे से मिलते रहे हैं। कभी–कभी तो मुझे ऐसा महसूस होता कि हम स्कूल ही में पढ़ रहे हैं।

सरदार ज़ोरावर सिंह मुस्कुराता रहा। उसके सर पर सिक्खों की बहुत बड़ी पगड़ी थी, मगर मुझे इसके होते हुए, उसके सर के ख़शख़शी बाल नज़र आ रहे थे और अपने सर पर बालों का बोझ महसूस हो रहा था।

सरदार ज़ोरावर सिंह की बहुत ज़िद पर खुर्दीद ने हमें गाना सुनाया। वो कन सुरी थी। लेकिन खुर्दीद, उसके पति और सरदार ज़ोरावर सिंह की ख़ातिर मुझे उसके गाने की मजबूरन तारीफ़ करना पड़ी। मैंने सिर्फ इतना कहा : "माशाअल्लाह, आप ख़ूब गाती हैं।"

सरदार ज़ोरावर सिंह ने बड़े ज़ोर से ताली बजाई और कहा : "ख़ुर्शीद! आज तो तुमने कमाल कर दिया है।" और फिर मुझ से कहा : "इसको आफ़ताबे–मौसीक़ी का ख़ताब मिल चुका है मंटो साहब!"

मैंने तो कुछ न कहा, लेकिन मेरी बीवी ने पूछा : "कब?"

सरदार ज़ोरावर सिंह ने कहा : "अख़बार की वो कटिंग लाना।"

ख़ुर्शीद अख़बार की कटिंग लाई। कोई ख़ुशामदी क़िस्म का रिपोर्टर था जिसने छ : महीने पहले एक प्राइवेट महफ़िल में ख़ुर्शीद का गाना सुन कर उसे आफ़ताबे–मौसीक़ी का ख़ताब अता फ़रमाया था। मैं यह कटिंग पढ़ कर मुस्कुराया और शरारतन ख़ुर्शीद से कहा : "आप का यह ख़ताब ग़लत है।"

सरदार ज़ोरावर सिंह ने मुझ से पूछा : "क्यों?"

मैंने फिर शरारतन कहा : "औरतों के लिए आफ़ताबे-मूसीकी़ नहीं आफ़ताबा होना चाहिए। ख़ूरशीद साहिबा आफ़ताबे-मौसीकी़ नहीं आफ़ताबा मौसीकी़ हैं"

मेरा मज़ाक़ सब के सर पर से गुज़र गया। मैंने ख़ुदा का शुक्र किया क्योंकि ये मज़ाक़ करने के बाद मैंने फौरन ही सोचा था कि और कोई नहीं सरदार ज़ोरावर सिंह ज़रूर इसको समझ जायेगा। मगर वो मुस्कुराया "ये अख़बार वाले हमेशा ग़लत ज़बान लिखते हैं। आफ़ताब की जगह आफ़ताबा होना चाहिए था। आप बिल्कुल सही फ़रमाते हैं।

मैंने और कुछ न कहा, इसलिए कि मुझे एहसास था कि कहीं मेरा मज़ाक़ फ़ाश न हो जाये।

सावक कुछ और ही विचारों में था। उसको सरदार ज़ोरावर सिंह की दोस्ती की घटनाएं याद आ रही थीं : मिस्टर मंटो! ऐसा दोस्त मुझे कभी नहीं मिलेगा। इसने हमेशा मेरी मदद की है। हमेशा मेरे साथ इन्तिहाई ख़ुलूस बरता है। पिछले दिनों मैं अस्पताल में बीमार था। इसने नर्सों से बढ़कर मेरी ख़िदमत की। मेरे घर बार का ख़्याल रखा। ख़ुर्शीद अकेली घबरा जाती, मगर उसने हर तरह उसकी दिलजूई की। मेरी बच्ची को घंटों खिलाता रहा। इसके इलावा मेरे पास बैठकर कई अख़बार पढ़ कर सुनाता रहा। मैं इसका शुक्रिया अदा नहीं कर सकता।"

यह सुनकर सरदार ज़ोरावर सिंह मुस्कुराया और ख़ुर्शीद से बोला : ख़ुर्दीद आज तुम्हारा हस्बैंड बहुत सेंटीमेंटल हो रहा है-मैंने क्या किया था जो मेरी इतनी तारीफ़ कर रहा है।"

सावक ने कहा : "बकवास न करो-तुम्हारी तारीफ़ मैं कर ही नहीं सकता। मैं सिर्फ इतना कह सकता हूं कि तुम्हारी दोस्ती पर मुझे नाज़ है, और हमेशा रहेगा। बचपन से लेकर अब तक तुम एक से रहे हो। मेरे साथ तुम्हारे सलूक में कभी फर्क़ नहीं आया।"

मैंने सरदार ज़ोरावर सिंह की तरफ देखा। वो ये प्रशंसा भरे संवाद यों सुन रहा था जैसे रेडियो से ख़बरें। जब सावक बोल चुका तो उसने मुझसे पूछा : "तो ख़ुर्शीद को प्रोग्राम मिल जायेंगे न?"

मैंने चौंक कर जवाब दिया : "जी-मैं कोशिश करूंगा।"

सरदार ज़ोरावर सिंह ने ज़रा हैरत से कहा : "कोशिश-यानी इनके लिए प्रोग्राम हासिल करने के लिए आपको कोशिश करनी पड़ेगी। आप भी कमाल

करते हैं। कल सुबह इनको अपने साथ ले जाइये। मेरा ख़्याल है कि इनका गाना सुनते ही म्यूज़िक डायरेक्टर इसी महीने में इनको कम अज़ कम दो प्रोग्राम दे देगा।''

मैंने उसकी दिल शिकनी मुनासिब न समझी और कहा : ''यक़ीनन।''

लेकिन ख़ूरशीट ने सरदार ज़ोरावर से कहा : ''मैं सुबह नहीं जा सकती। बेबी सुबह को मेरे बिना घर में नहीं रह सकती। दोपहर को जा सकती हूं।''

सरदार ज़ोरावर सिंह मुझ से मुख़ातिब हुआ। ''मंटो साहब वाक़ई बच्ची इसको सुबह बहुत तंग करती है। मैं किसी रोज़ ख़ूरशीट को दोपहर के वक़्त रेडियो स्टेशन ले आऊंगा।''

ख़ूरशीट को दोपहर के वक़्त रेडियो स्टेशन लाने की नौबत न आई क्योंकि मैंने दूसरे दिन ही एकदम इरादा कर लिया कि मैं दिल्ली छोड़ कर बम्बई चला जाऊंगा। चुनांचे मैं उसके अगले दिन इस्तीफ़ा देकर बम्बई रवाना हो गया। मेरी बीवी मुझ से कुछ दिन बाद चली आई। हम मिस्टर, मिसेज़ ख़ुरशिट कापड़िया और सरदार ज़ोरावर सिंह को भूल गए।

मैं एक फिल्मी कम्पनी में मुलाज़िम था। बीमारी के कारण इत्तेफाक़ से एक दिन मैं वहां न गया। दूसरे दिन वहां पहुंचा तो गेटकीपर ने मुझे एक काग़ज़ दिया कि कल एक साहब आपसे मिलने आए थे। वो यह दे गए हैं। मैंने पुर्ज़ा पढ़ा। सरदार ज़ोरावर सिंह का था। मुख़्तसर सी तहरीर थी। ''मैं और मेरी बीबी आपसे मिलने यहां आए, मगर आप मौजूद नहीं थे–हम ताज होटल में ठहरे हैं अगर आप तशरीफ़ लाएं तो हमें बड़ी ख़ुशी होगी। मिसेज़ मंटो को ज़रूर साथ लाइयेगा।''

कमरे का नम्बर बग़ैरह दर्ज था। मैं और मेरी बीवी उसी शाम टैक्सी में ताज होटल गए। कमरा तलाश करने में कोई दिक़्क़त न हुई। सरदार ज़ोरावर सिंह वहां मौजूद था। हम जब अन्दर कमरे में दाख़िल हुए तो वो अपने छोट-छोटे ख़शख़शी बालों में कंघी कर रहा था। बड़े तपाक से मिला। मेरी बीवी उसकी बीवी को देखने के लिए बेक़रार थी, चुनांचे उसने पूछा : ''सरदार साहब! आपकी मिसेज कहां है।''

सरदार ज़ोरावर सिंह मुस्कुराया : ''अभी आती हैं–बाथ रूम में हैं।''

उसने यह कहा और दूसरे कमरे से ख़ूरशिट नमूदार हुई। मेरी बीवी उठ कर उससे गले मिली और सब से पहला सवाल उस से यह किया : ''बच्ची कैसी है ख़ूरशीट?''

ख़ूरशिट ने जवाब दिया : ''अच्छी है।''

फिर मेरी बीवी ने उससे पूछा : "सावक कहां हैं?"

ख़ूरशिट ने कोई जवाब नहीं दिया। जब वो और मेरी बीवी पास-पास बैठ गई तो मैंने सरदार ज़ोरावर सिंह से पूछा : "सरदार साहब, आप अपनी बीवी को तो बाहर निकालिए।"

सरदार ज़ोरावर सिंह मुस्कुराया। ख़ूरशिट की तरफ देखकर उसने कहा : "ख़ूरशिट मेरी बीवी को बाहर निकालो।"

ख़ूरशिट मेरी बीवी को देखकर मुस्कुराई : "मैंने सरदार ज़ोरावर से शादी कर ली है। हम यहां हनीमून पर आये हैं।"

मेरी बीवी ने यह सुना तो उसकी समझ में कुछ न आया कि क्या कहे। उठी और मेरा हाथ पकड़ कर कहा : "चलिए सआदत साहब!–और हम कमरे से बाहर थे। खुदा मालूम सरदार ज़ोरावर सिंह और ख़ूरशिट ने हमारी इस बदतमीज़ी के मुताल्लिक़ क्या कहा होगा।

बासित

बासित बिलकुल राज़ी नहीं था, लेकिन मां के सामने उसकी कोई पेश न चली। पहले तो उसको इतनी जल्दी शादी करने की ख़्वाहिश नहीं थी। इसके अलावा वो लड़की भी उसे पसंद नहीं थी जिससे उसकी मां उसकी शादी करने पर तुली हुई थी। वो बहुत देर तक टालता रहा। जितने बहाने बना सकता था, उसने बनाए, लेकिन एक दिन उसको मां की अटल ख़्वाहिश के सामने सर झुकाना ही पड़ा। दरअसल इंकार करते-करते वो भी तंग आ गया था। चुनांचे उसने दिल में सोचा "ये बक-बक ख़त्म हो जाये तो अच्छा है। होने दो शादी। कोई क़यामत तो नहीं टूट पड़ेगी–मैं निभा लूंगा।

उसकी मां बहुत ख़ुश हुई। लड़की वाले उसके रिश्तेदार थे और वो बहुत पहले उनको ज़बान दे चुकी थीं। जब बासित ने हां की तो वो तारीख़ पक्की करने के लिए लड़की वालों के यहां गई। उन्होंने टाल-मटोल की तो बासित की मां को बहुत गुस्सा आया। "सईदा की मां, मैंने इतनी मुश्किलों से बासित को राज़ी किया है, अब तुम तारीख़ पक्की नहीं कर रही हो। शादी हुई तो इसी महीने की बीस को होगी, नहीं तो नहीं होगी। और यह बात सोलह आने पक्की है। समझ लिया।"

धमकी ने काम किया। लड़की की मां राज़ी हो गई। सब तैयारियां पूरी हुईं। बीस को दुल्हन घर में थी। बासित को वो पसंद नहीं थी, लेकिन उसके साथ वो निभाने का फ़ैसला कर चुका था, चुनांचे वो उससे बड़ी मुहब्बत से पेश आया। उसपर बिल्कुल ज़ाहिर न होने दिया कि वो उससे शादी करने के लिए तैयार नहीं था, और ये कि वो ज़बरदस्ती उसके सर मंढ दी गई है।

नई दुल्हनें आमतौर पर बहुत शर्मीली होती हैं। लेकिन बासित ने महसूस

किया कि सईदा ज़रूरत से ज़्यादा शर्मीली है। उसके शर्मीलेपन में कुछ ख़ौफ़ भी था जैसे वो बासित से डरती है। शुरू-शुरू में बासित ने सोचा कि यह चीज़ दूर हो जायेगी, मगर वो बढ़ती ही गई। बासित ने उसको कुछ दिन के लिए मैके भेज दिया। वापस आई तो उसका ख़ौफ आलूद शर्मीलापन एक हद तक दूर हो चुका था। बासित ने सोचा कि एक-दो बार मैके जायेगी तो ठीक हो जायेगी। मगर उसका अंदाज़ा ग़लत निकला। सईदा फिर ख़ौफ़ज़दा रहने लगी।

बासित ने एक दिन उससे पूछा : "सईदा तुम डरी-डरी क्यों रहती हो?"

सईदा यह सुनकर चौंकी : "नहीं तो-नहीं तो।"

बासित ने उसे बड़े प्यार भरे लहजे में कहा : "आख़िर बात क्या है-खुदा की क़सम मुझे बड़ी उलझन होती है-किस बात का डर है तुम्हें.. .मेरी मां इतनी अच्छी है। वो तुम से सासों सा सलूक नहीं करती। मैं तुमसे इतनी मुहब्बत करता हूं-फिर तुम ऐसी सूरत क्यों बनाये रखती हो कि मालूम होता है तुम्हें यह ख़ौफ़ है कि कोई तुम्हें डांटेगा।" यह कह कर उसने सईदा का मुंह चूमा।

सईदा ख़ामोश रही। उसकी आखें अलबत्ता और ज़्यादा ख़ौफ़ज़दा हो गई। बासित ने उसको और प्यार किया और कहा : "तुम्हें हर वक़्त हंसती रहना चाहिए-लो, अब ज़रा हंसो-हंसो मेरी जान!"

सईदा ने हंसने की कोशिश की। बासित ने प्यार से उसको थपकी दी : "शाबाश-इसी तरह मुस्कुराता हुआ चेहरा होना चाहिए हर वक़्त।"

बासित की मुहब्बत ज़ाहिर है कि बनावटी थी। क्योंकि सईदा के लिए उसके दिल में कोई जगह नहीं थी। लेकिन वो सिर्फ अपनी मां की ख़ातिर चाहता था कि सईदा से उसका रिश्ता नाकाम साबित न हो-उसकी मां अपनी हार कभी बर्दाश्त नहीं कर सकती। उसने अपनी ज़िन्दगी में हार का मुंह देखा ही नहीं था। इसलिए बासित की इंतिहाई कोशिश यही थी कि सईदा से उसकी निभ जाए। चुनांचे अपने दिल में सईदा के लिए उसने बड़े खुलूस के साथ बनावटी मुहब्बत पैदा कर ली थी। उसकी हर ज़रूरतों का ख़्याल रखता था। अपनी मां से सईदा की छोटी-सी बात की भी तारीफ़ करता था। जब वो यह महसूस करता कि उसकी मां बहुत संतुष्ट है, इस बात से संतुष्ट है कि उसने बासित का रिश्ता ठीक जगह किया है तो उसको दिली ख़ुशी होती।

शादी को एक महीना हो गया। इस दौरान में सईदा कई बार मैके गई। बासित को इस पर कोई एतराज़ नहीं था। वो समझता था कि यहां उसका ख़ौफ़ से भरा शर्मीलापन दूर हो जायेगा। मगर ऐसा न हुआ। दिनों-दिन बढ़ता चला

जा रहा था। अब तो सईदा और भी भयभीत दिखाई देती थी। बासित हैरान था कि बात क्या है।इसके बारे में उसने मां से कोई बात न की इसलिए कि उसे यक़ीन था कि वो उसको डांट पिलाती। "बकवास न करो। मुझे मालूम था तुम ज़रूर एक दिन उसमें कीड़े डालोगे।"

बासित ने सईदा ही से कहा : "मेरी जान! तुम मुझे बताती क्यों नहीं हो?"

सईदा चौंक उठी : "जी?"

उसके चौंकने पर बासित ने यों महसूस किया जैसे उसने सईदा की किसी दुखती रग पर ज़ोर से हाथ रख दिया था। लहजे में और ज़्यादा प्यार भर के उसने कहा–"मैंने पूछा था कि अब तुम ज़्यादा भयभीत रहने लगी हो, आख़िर बात क्या है?"

सईदा ने थोड़ी देर बाद जवाब दिया : "बात तो कुछ भी नहीं–मैं ज़रा बीमार हूं।"

"क्या बीमारी है–तुमने मुझ से कभी ज़िक्र ही नहीं किया?"

सईदा ने दुपट्टे के किनारे को उंगली पर लपेटते हुए जवाब दिया : "अम्मी जान इलाज करा रही हैं मेरा। जल्दी ठीक हो जाऊंगी।"

बासित ने सईदा से और ज़्यादा दिलचस्पी लेना शुरू की तो उसने देखा कि वो हर रोज़ छुपकर दवा खाती है। एक दिन जब वो अपने ताला लगे ट्रंक से दवा निकाल कर खाने वाली थी, वो उसके पास पहुंच गया। वो ज़ोर से चौंकी। सफूफ की खुली हुई पुड़िया उसके हाथ से गिर पड़ी। बासित ने उससे पूछा : "यह दवा खाती हो?"

सईदा ने थूक निगल कर जवाब दिया : "जी हां–अम्मी जान ने हकीम साहब से मंगवाई थी।"

"कुछ आराम है इससे?"

"जी हां।"

"तो खाओ–अगर आराम न आए तो मुझसे कहना। मैं डाक्टर के पास ले चलूंगा।"

बासित चला गया। उसने सोचा : "अच्छा है, कोई इलाज तो हो रहा है। ख़ुदा करे अच्छी हो जाये। मेरा ख़्याल है ये डर-वर कुछ नहीं। बीमारी है–दूर हो जाएगी इंशाअल्लाह!"

उसने सईदा को उस बीमारी का अपनी मां से पहली बार ज़िक्र किया तो कहने लगी–"बकवास है। ख़ुदा के फ़ज़्लो-करम से अच्छी भली है। क्या

बीमारी है उसे?''

बासित ने कहा : ''मुझे क्या मालूम अम्मी जान–यह तो सईदा ही बता सकती है आपको।''

बासित की मां ने बड़ी बेपरवाही से कहा : ''मैं पूछूंगी उससे''–जब सईदा से पूछा गया तो उसने जवाब दिया : ''कुछ नहीं खाला जान, सर में दर्द रहता था। अम्मी जान ने हकीम साहब से दवा मंगा दी थी। असल में बासित साहब बड़े वहमी हैं–हर वक़्त कहते रहते हैं कि तुम डरी-डरी सी दिखाई देती हो–डर किस बात का होगा भला।''

बासित की मां ने कहा : ''बकवास करता है। तुम इसकी फिजूल बातों का ख़्याल न करो।''

कुछ दिन के बाद बासित ने महसूस किया कि सईदा बहुत ही ज़्यादा घबराई हुई है। उसकी बेचैनी उसके रोएं-रोएं से ज़ाहिर होती थी। शाम के क़रीब उसने बासित से कहा : ''अम्मी जान से मिलने को जी चाहता है–मुझे वहां छोड़ आइये।''

बासित ने जवाब दिया : ''नहीं सईदा। आज तुम्हारी बतीयत ठीक नहीं है।''

सईदा ने ज़िद किया : ''आप मुझे वहां छोड़ आइये। ठीक हो जाऊंगी।''

बासित ने इनकार कर दिया। ''वहां तबीयत ठीक हो सकती है तो यहां भी ठीक हो सकती है। जाओ, आराम से लेट जाओ!''

बासित की मां आ गई। बासित ने उससे कहा : ''अम्मी जान! देखिये सईदा ज़िद कर रही है, तबीयत उसकी ठीक नहीं, कहती है मुझे अम्मी जान के पास ले चलो।''

बासित की मां ने बड़ी बे-परवाई से कहा : ''कल चली जाना सईदा।''

सईदा ने और कुछ न कहा। ख़ामोश होकर बाहर सेहन में चली गई। थोड़ी देर के बाद बासित बाहर निकला। सईदा सेहन में नहीं थी। उसने इधर-उधर तलाश किया। मगर वो न मिली। बासित ने सोचा ऊपर कोठे पर होगी। ऊपर गया तो गुस्लख़ाने का दरवाज़ा बन्द था। खटखटा कर उसने आवाज़ दी : ''सईदा।''

कोई जवाब न मिला तो पुकारा : ''सईदा।''

अन्दर से बड़ी कमज़ोर आवाज़ आई : ''जी।''

बासित ने पूछा : ''क्या कर रही हो?''

और ज़्यादा कमज़ोर आवाज़ आई : ''नहा रही हूं।''

बासित नीचे आ गया। सईदा के बारे में सोचता बाहर गली में निकला। मोरी तरफ नज़र पड़ी तो उसमें ख़ून ही ख़ून था और यह ख़ून गुसलख़ाने से आ रहा था जिसमें सईदा नहा रही थी। बासित के ज़ेहन में तले ऊपर कई विचार औंधे-सीधे गिरे, फिर ये गर्दान शुरू हो गई : "दवा-ख़ून-ख़ून-दवा-डर-दवा-ख़ून-डर!"

फिर उसने धीरे-धीरे सोचना शुरू किया। सईदा की मां शादी की तारीख़ पक्की नहीं करती थीं। उसने कहा था एक दो महीने ठहर जाओ-सईदा का बार-बार अपनी मां से मिलने जाना-उसका हर वक़्त ख़ौफ़ज़दा रहना। दवा खाना और ख़ास तौर पर आज बहुत ही ज़्यादा भयभीत रहना।

बासित सारा मामला समझ गया। सईदा पेट से थी। जब वो दुल्हन बन कर उसके पास आई थी तो उसकी मां की यह कोशिश थी कि गर्भपात हो जाये। इसलिए आज ऐसा हुआ। बासित ने सोचा : "क्या मैं ऊपर जाऊं। जाकर सईदा को देखूं-अपनी मां से बात करूं?"

मां का सोचा तो उसको ख़्याल आया कि वो ये सदमा बर्दाश्त नहीं कर सकेगी। वो अपने बेटे की आंखों में ज़लील होना कभी गवारा नहीं करेगी। ज़रूर कुछ खाकर मर जायेगी। वो कोई फ़ैसला न कर सका। अपने कमरे में गया और सर पकड़ कर बैठ गया।

कई बार उसको सईदा का ख़्याल आया कि वो ख़ुदा मालूम किस हालत में होगी। उसके जिस्म पर उसके दिलो-दिमाग़ पर क्या कुछ बीता होगा। कैसे इतना बड़ा राज़ छुपाएगी। क्या लोग पहचान नहीं जाएंगे। जूं-जूं वो सईदा के बारे में सोचता, उसके दिल में हमदर्दी का जज़्बा बढ़ता जाता। उसको सईदा पर तरस आने लगा : "बेचारी मालूम नहीं, बेहोश पड़ी है। या होश में है। होश में भी उस पर जाने क्या गुज़र रही होगी-क्या वो नीचे आ सकेगी?

थोड़ी देर के बाद वो उठकर सेहन में गया तो सईदा नीचे आई। उसका रंग बेहद पीला था, इतना पीला कि वो बिल्कुल मुर्दा मालूम होती थी। उससे मुश्किल से चला जाता था। टांगें लड़खड़ा रही थीं। कमर में जैसे जान ही नहीं थी। बासित ने उसको देखा तो उस पर बहुत तरस आया। अन्दर से बुर्क़ा उठाया और उससे कहा : "चलो, मैं तुम्हें छोड़ आऊं।"

सईदा ने बहुत हिम्मत से काम लिया। बासित के साथ चल कर बाहर सड़क तक गई। बासित ने तांगा लिया और उसको उसकी मां के पास छोड़ आया। मां ने उससे पूछा : "सईदा कहां है?"

बासित ने जवाब दिया, "ज़िद करती थी, मैं उसे छोड़ आया हूं।"

बासित की मां ने उसको डांटा : "बकवास करते हो। ज़िद करने दी होती। तुम इस तरह उसकी आदतें ख़राब करोगे और फिर मुझ से कहोगे कि मैंने ग़लत जगह तुम्हारा रिश्ता किया था।"

बासित ने कहा : "नहीं अम्मी जान! सईदा बड़ी अच्छी लड़की है।"

उसकी मां मुस्कुराई : "मैंने तुमसे कहा नहीं था कि वो बहुत नेक लड़की है, तुम उसे ज़रूर पसंद करोगे।" फिर थोड़ी देर छालिया काटने के बाद एकदम बासित से मुख़ातिब हुई : "और हां बासित, ये ऊपर गुसलख़ाने में ख़ून कैसा था?"

बासित सिटपिटा गया : "वो–कुछ नहीं अम्मी जान! मेरी नकसीर फूटी थी।"

मां ने बड़े गुस्से के साथ कहा : "कमबख़्त! गर्म चीज़ें न खाया करो–जब देखो, जेबें मूंगफली से भरी हैं।"

बासित कुछ देर अपनी मां के साथ बातें करता रहा। वो उठ कर कहीं गई तो बासित ऊपर गुसलख़ाने में गया। पानी डालकर अच्छी तरह साफ किया। उसके दिल को इस बात का बहुत बड़ा इत्मीनान था कि उसने अपनी मां से सईदा के मुताल्लिक़ कोई बात नहीं की, और न उसने सईदा पर यह ज़ाहिर होने दिया कि वो उसका राज़ जानता है।

वो दिल में फ़ैसला कर चुका था कि सईदा का राज़ हमेशा उसके सीने में दफ़न रहेगा, वो काफी तकलीफ़ उठा चुकी थी। बासित के ख़्याल के मुताबिक उसको अपने किए की सज़ा मिल चुकी थी। और सज़ा देने का कोई फ़ायदा नहीं था। "ख़ुदा करे वो जल्द तन्दुरुस्त हो जाये। अब उसके चेहरे पर वो उलझन पैदा करने वाला ख़ौफ़ नहीं रहेगा। वो ये सोच ही रहा था कि नीचे से उसकी मां की चीख़ की आवाज़ आई। बासित लोटा रखकर दौड़ा नीचे गया। सब कमरे देखे। ड्योढ़ि में गया तो उसको मां फ़र्श पर औंधी पड़ी थी, मुर्दा। उसके सामने कूड़े वाले लकड़ी के बक्स में एक छोटा सा ना मुकम्मल बच्चा कपड़े में लिपटा पड़ा था।

बासित को बेहद सदमा हुआ। उसने पहले उस बच्चे को उठाया। कपड़े में अच्छी तरह लपेटा और अन्दर जाकर बूट के खाली डब्बे में बन्द कर दिया। फिर मां को अन्दर चारपाई पर लिटाया और उसके सिरहाने बैठ कर देर तक रोता रहा।

सईदा को ख़बर पहुंची तो उसको अपनी मां के साथ आना पड़ा। वो उसी तरह पीली थी। पहले से ज़्यादा निढाल। बासित को बहुत तरस आया। उससे

कहा : "सईदा! जो अल्लाह को मंज़ूर था, हो गया। तुम्हारी तबीयत ठीक नहीं। रोना बन्द करो और अन्दर लेट जाओ।"

अन्दर जाने की बजाये सईदा ड्योढ़ि में गई। जब वापस आई तो उसका चेहरा हल्दी की तरह पीला था। बासित ख़ामोश रहा। सईदा ने उसकी तरफ देखा। उसकी आंखों में आंसू थे। यह आंसू साफ बता रहे थे कि वो बासित् का शुक्रिया अदा कर रही है–बासित ने उससे बड़े प्यार से कहा : "ज़्यादा रोना अच्छा नहीं सईदा–जो खुदा को मंज़ूर था, हो गया।"

दूसरे दिन उसने बच्चे को नहर के किनारे गड्ढा खोद कर दफ़ना दिया।

शारदा

नज़ीर ब्लैक मार्किट से व्हिस्की की बोतल लाने गया। बड़े डाकख़ाने से कुछ आगे बन्दरगाह के फाटक से कुछ इधर सिगरेट वाले की दुकान से उसको स्कॉच मुनासिब दामों पर मिल जाती थी। जब उसने पैंतीस रुपये अदा कर के काग़ज़ में लिपटी हुई बोतल ली तो उस वक़्त ग्यारह बजे थे दिन के। यों तो वो रात को पीने का आदी था। मगर उस रोज़ मौसम ख़ुशगवार होने के कारण वो चाहता था कि सुबह ही से शुरू कर दे और रात तक पीता रहे।

बोतल हाथ में पकड़े वो ख़ुश-ख़ुश घर की तरफ़ रवाना हुआ। उसका इरादा था कि बोरी-बन्दर के स्टैंड से टेक्सी लेगा। एक पैग उसमें बैठकर पिएगा और हल्के-हल्के सुरूर में घर पहुंच जायेगा। बीवी मना करेगी तो वो उससे कहेगा : "मौसम देख कितना अच्छा है।" फिर वो उसे भोंडा सा शेर सुनाएगा।

की फ़रिश्तों की राह अब्र ने बन्द
जो गुनाह कीजिए सवाब है आज

वो कुछ देर ज़रूर चख़-चख़ करेगी, लेकिन अन्त में ख़ामोश हो जाएगी, और उसके कहने पर क़ीमे के पराठे बनाना शुरू कर देगी।

दुकान से वो बीस पच्चीस गज़ दूर ही गया होगा कि एक आदमी ने उसको सलाम किया। नज़ीर की याददाश्त कमज़ोर थी। उसने सलाम करने वाले आदमी को न पहचाना, लेकिन उस पर यह ज़ाहिर न किया कि वो उसको नहीं जानता, और बड़े व्यवहारिक अंदाज़ से कहा : "क्यों भई, कहां होते हो? कभी नज़र ही नहीं आए।"

उस आदमी ने मुस्कुराकर कहा : "हुज़ूर! मैं तो यहीं होता हूं। आप ही

कभी तशरीफ़ नहीं लाए।''

नज़ीर ने उसको फिर भी नहीं पहचाना : ''मैं अब जो तशरीफ़ ले आया हूं।''

''तो चलिये मेरे साथ।''

नज़ीर उस वक़्त बड़े अच्छे मूड में था : ''चलो!''

उस आदमी ने नज़ीर के हाथ में बोतल देखी और अर्थपूर्ण ढंग से मुस्कुराया : ''बाक़ी सामान तो आपके पास मौजूद है।''

यह सुनकर नज़ीर ने तुरंत ही सोचा कि वो दलाल है : ''तुम्हारा नाम क्या है?''

''करीम–आप भूल गए थे?''

नज़ीर को याद आ गया कि शादी से पहले एक करीम उसके लिए अच्छी-अच्छी लड़कियां लाया करता था। बड़ा ईमानदार दलाल था। उसको ग़ौर से देखा तो सूरत जानी पहचानी मालूम हुई। फिर पिछली तमाम घटनाएं उसके ज़ेहन में उभर आईं। करीम से उसने माफी चाही : ''यार! मैंने तुम्हें पहचाना नहीं था। मेरा विचार है। लगभग छ : वर्ष हो गये हैं तुम से मिले हुए।''

''जी हां।''

''तुम्हारा अड्डा तो पहले ग्रांट रोड का नाका हुआ करता था।''

करीम ने बीड़ी सुलगाई और ज़रा गर्व से कहा : ''वो मैंने छोड़ दिया। आपकी दुआ से अब यहां एक होटल में धंधा शुरू कर रखा है।''

नज़ीर ने उसकी प्रशंसा की : ''यह बहुत अच्छा किया है तुमने।''

करीम ने और अधिक गर्वीले स्वर में कहा : ''दस छोकरियां हैं–एक बिल्कुल नई है।''

नज़ीर ने उसको छेड़ने के अन्दाज़ में कहा : ''तुम लोग यही करते हो।''

करीम को बुरा लगा : ''क़सम क़ुरान की कभी झूठ नहीं बोला। सुअर खाऊं अगर वो छोकरी बिल्कुल नई न हो : फिर उसने अपनी आवाज़ धीमी की और नज़ीर के कान के साथ मुंह लगा कर कहा : आठ दिन हुए हैं। जब पहला पसेंजर आया था। झूठ बोलूं तो मेरा मुंह काला हो।''

नज़ीर ने पूछा : ''कुंवारी थी?''

''जी हां–दो सौ रुपये लिए थे उस पसेंजर से।''

नज़ीर ने करीम की पसलियों में ठोका दिया : ''लो, यहीं भाव पक्का करने लगे।''

करीम को नज़ीर की यह बात बहुत बुरी लगी : ''क़सम क़ुरान की, सुअर हो, जो आप से भाव करे। आप तशरीफ़ ले चलिए। आप जो भी देंगे, मुझे क़बूल होगा। करीम ने आपका बहुत नमक खाया है।''

करीम की जेब में उस वक़्त साढ़े चार सौ रुपये थे। मौसम अच्छा था। मूड भी अच्छा था। वो छ : बरस पीछे के ज़माने में चला गया। बिन पिए मसरूर था। ''चलो यार, आज तमाम अय्याशियां रहीं–एक बोतल का और बन्दोबस्त हो जाना चाहिए।''

करीम ने पूछा : ''आप कितने में लाये हैं यह बोतल?''

''पैंतीस रुपये में।''

''कौन सा ब्रांड है?''

''जानी वाकर''

करीम ने छाती पर हाथ मार कर कहा : ''मैं आपको तीस में ला दूंगा।''

नज़ीर ने दस–दस के तीन नोट निकाले और करीम के हाथ में दे दिये। ''नेकी और पूछ पूछ–यह लो। मुझे वहां बैठा कर तुम पहला काम यही करना। तुम जानते हो मैं ऐसे मामलों पर अकेला नहें पिया करता।''

करीम मुस्कुराया : ''और आपको याद होगा मैं डेढ़ पैग से ज़्यादा नहीं पिया करता।''

नज़ीर को याद आ गया कि करीम वाक़ई आज से छ : बरस पहले सिर्फ डेढ़ पैग लिया करता था। यह याद कर के नज़ीर भी मुस्कुराया : ''आज दो रहे।''

''जी नहीं। डेढ से ज़्यादा एक बूंद भी नहीं।''

करीम एक थर्ड क्लास बिल्डिंग के पास ठहर गया। जिसके एक कोने में छोटे से मैले बोर्ड पर 'मेरीना होटल' लिखा था। नाम तो ख़ूबसूरत था मगर इमारत निहायत ही ग़लीज़ थी। सीढ़िया टूटी हुई। नीचे सूदख़ोर पठान बड़ी–बड़ी शल्वारें पहने खाटों पर लेटे हुए थे। पहली मंज़िल पर क्रिस्चन आबाद थे। दूसरी मंज़िल पर जहाज़ के बेशुमार ख़लासी। तीसरी मंज़िल होटल के मालिक के पास थी। चौथी मंज़िल पर कोने का एक कमरा करीम के पास था। जिसमें कई लड़कियां मुर्ग़ियों की तरह अपने डरबे में बैठी थीं। करीम ने होटल के मालिक से चाभी मंगवाई। एक बड़ा लेकिन बेहंगम सा कमरा खोला। जिसमें लोहे की एक चारपाई, एक कुर्सी एक तिपाई पड़ी थी। तीन तरफ से यह कमरा खुला था, यानी खिड़कियां थीं, जिनके शीशे टूटे हुए थे। और कुछ नहीं, लेकिन हवा बहुत आती थी।

करीम ने आराम कुर्सी जो बेहद मैली थी, एक उस से ज़्यादा मैले कपड़े से साफ की और नज़ीर से कहा : "तशरीफ़ रखिये। लेकिन मैं यह अर्ज़ कर दूं इस कमरे का किराया दस रुपये होगा।

नज़ीर ने कमरे को अब ज़रा गौर से देखा : "दस रुपये ज़्यादा हैं यार।"

करीम ने कहा : "बहुत ज़्यादा हैं, लेकिन क्या किया जाये। साला होटल का मालिक ही बनिया है। एक पैसा कम नहीं करता। और नज़ीर साहब मौज शौक़ करने वाले आदमी भी ज़्यादा की पर्वाह नहीं करते।"

नज़ीर ने कुछ सोच कर कहा : "तुम ठीक कहते हो—किराया पेशगी दे दूं?"

"जी नहीं—आप पहले छोकरी तो देखिये।" यह कह कर वो अपने डरबे में चला गया।"

थोड़ी देर बाद वापस आया तो उसके साथ एक निहायत ही शर्मीली लड़की थी। घरेलू क़िस्म की हिन्दू लड़की सफेद धोती बांधे थी। उम्र चौदह बरस के लगभग होगी। सुन्दर तो नहीं थी, लेकिन भोली थी।

करीम ने उस से कहा : "बैठ जाओ। यह साहब मेरे दोस्त हैं। बिल्कुल अपने आदमी हैं।"

लड़की नज़रें नीची किए लोहे की चारपाई पर बैठ गई। करीम यह कह कर चला गया : "अपना इत्मीनान कर लीजिए नज़ीर साहब—मैं ग्लास और सोडा लाता हूं।"

नज़ीर आराम कुर्सी पर से उठ कर लड़की के पास बैठ गया। वो सिमट कर एक तरफ हट गई। नज़ीर ने उससे छ : बरस पहले के अंदाज़ में पूछा : "आपका नाम?"

लड़की ने कोई जवाब न दिया। नज़ीर ने आगे सरक कर उसके हाथ पकड़े और फिर पूछा : "आपका नाम क्या है जनाब?"

लड़की ने हाथ छुड़ाकर कहा : "शकुंतला।"

और नज़ीर को शकुंतला याद आ गई जिस पर राजा दुष्यंत आशिक था : "मेरा नाम दुष्यंत है।"

नज़ीर मुकम्मल अय्याशी पर तुला हुआ था। लड़की ने उसकी बात सुनी और मुस्कुरा दी। इतने में करीम आ गया। उसने नज़ीर को सोडे की चार बोतलें दिखाईं ज़ो ठण्डी होने के कारण पसीना छोड़ रही थी। मुझे याद है कि आपको रोजर का सोडा पसंद है। बर्फ़ में लगा हुआ लेकर आया हूं।

नज़ीर बहुत ख़ुश हुआ : "तुम कमाल करते हो।" फिर वो लड़की से

मुख़ातिब हुआ : "जनाब आप भी शौक फरमाएंगी?"

लड़की ने कुछ न कहा। करीम ने जवाब दिया : "नज़ीर साहब यह नहीं पीती। आठ दिन तो हुए हैं इसको यहां आये हुए।"

यह सुन कर नज़ीर को अफ़सोस हुआ : "यह तो बहुत बुरी बात है।"

करीम ने व्हिस्की की बोतल खोल कर नज़ीर के लिए एक पैग बनाया और उसको आंख मार कर कहा : "आप राज़ी कर लीजिये इसे।"

नज़ीर ने एक ही बार में गिलास ख़त्म किया। करीम ने आधा पैग पिया। फौरन ही उसकी आवाज़ नशा आलूद हो गई। ज़रा झूम कर उसने नज़ीर से पूछा : "छोकरी पसंद है न आपको?"

नज़ीर ने सोचा कि लड़की उसे पसंद है कि नहीं लेकिन वो कोई फ़ैसला न कर सका। उसने शुकंतला की तरफ ग़ौर से देखा। अगर उसका नाम शकुंतला न होता तो बहुत मुमकिन है वो उसे पसंद कर लेता। वो शकुंतला जिस पर राजा दुष्यंत शिकार खेलते-खेलते आशिक हुआ था, बहुत ही ख़ूबसूरत थी। कम-अज-कम किताबों में तो यही दर्ज था कि वो चन्दे-आफ़ताब और चन्दे-माहताब थी। आहू-ए-चश्म (हिरणी की आंखें) थी। नज़ीर ने एक बार फिर अपनी शकुंतला की तरफ देखा। उसकी आंखें बुरी नहीं थी। आहू चश्म तो नहीं थी, लेकिन उसकी आंखें उसकी अपनी आंखें थी। काली-काली और बड़ी-बड़ी। उसने और कुछ न सोचा और करीम से कहा : "बोलो मामला कहां तय होता है?"

करीम ने आधा पेग अपने लिए उंडेला और कहा : "सौ रूपये।"

नज़ीर ने सोचना बन्द कर दिया था। "ठीक है।"

करीम अपना दूसरा आधा पेग पी कर चला गया। नज़ीर ने उठ कर दरवाज़ा बन्द कर दिया। शकुंतला के पास बैठा तो वो घबरा सी गई। नज़ीर ने उसका प्यार लेना चाहा तो वो उठ कर खड़ी हो गई। नज़ीर को उसकी ये हरकत नागवार महसूस हुई। लेकिन उसने फिर कोशिश की। बाज़ू से पकड़ कर उसको अपने पास बैठाया। ज़बरदस्ती उसको चूमा। बहुत ही बे-कैफ़ सिलसिला था। अलबत्ता व्हिस्की का नशा अच्छा था। वो अब तक छ : पैग पी चुका था और उसको अफसोस था कि इतनी महंगी चीज़ बिल्कुल बेकार गई है, इसके लिए शकुंतला बिल्कुल अलहड़ थी। उसको ऐसे मामलों के आदाब की कोई वाक़फ़ियत ही नहीं थी। नज़ीर एक अनाड़ी तैराक के साथ इधर-उधर बेकार हाथ पांव मारता रहा। आख़िर उकता गया। दरवाज़ा खोल कर उसने करीम को आवाज़ दी जो अपने डरबे में मुर्गियों के साथ बैठा था।

आवाज़ सुनकर दौड़ा आया। : "क्या बात है नज़ीर साहब?"

नज़ीर ने बड़ी ना उम्मीदी से कहा : "कुछ नहीं यार, ये अपने काम की नहीं है।"

"क्यों?"

"कुछ समझती ही नहीं।"

करीम ने शकुंतला को अलग ले जाकर बहुत समझाया। मगर वो न समझ सकी। शर्माई लजाई, धोती संभालती कमरे से बाहर निकल गई। करीम ने इस पर कहा : "मैं अभी हाज़िर करता हूं।"

नज़ीर ने उसको रोका। "जाने दो—कोई और ले आओ।" लेकिन उसने फौरन ही इरादा बदल लिया। वो जो तुम्हें रुपये दिये थे, उसकी बोतल ले आओ और शकुंतला के इलावा जितनी लड़कियां इस वक़्त मौजूद हैं, उन्हें यहां भेज दो—मेरा मतलब है जो पीती हैं। आज और कोई सिलसिला नहीं होगा। उनके साथ बैठ कर बातें करूंगा और बस!"

करीम, नज़ीर को अच्छी तरह समझता था। उसने चार लड़कियां कमरे में भेज दीं। नज़ीर उन सब को सरसरी नज़र से देखा क्योंकि वो अपने दिल में फैसला कर चुका था कि प्रोग्राम सिर्फ पीने का होगा। चुनांचे उसने उन लड़कियों के लिए गिलास मंगवाए और उनके साथ पीना शुरू कर दी। दोपहर का खाना होटल से मंगवा कर खाया और शाम के छ : बजे तक उन लड़कियों से बातें करता रहा। बड़ी फ़िज़ूल क़िस्म की बातें, लेकिन नज़ीर खुश था। जो कोफ्त शकुंतला ने पैदा की थी, वो दूर हो गई थी।

आधी बोतल बाक़ी थी, वो साथ लेकर घर चला गया। पन्द्रह दिन के बाद फिर मौसम की वजह से उसका जी चाहा कि सारा दिन पी जाये। सिगरेट वाले की दुकान से ख़रीदने के बजाये उसने सोचा क्यों न करीम से मिलूं, वो तीस में ले देगा। चुनांचे वो उसके होटल में पहुंचा। संयोग से करीम मिल गया। उसने मिलते ही बहुत हौले से कहा : "नज़ीर साहब! शकुंतला की बड़ी बहन आई हुई है। आज सुबह की गाड़ी से पहुंची है—बहुत हटेली है। मगर आप उसको ज़रूर राज़ी कर लेंगे।"

नज़ीर कुछ सोच न सका। उसने अपने दिल में इतना कहा : "चलो देख लेते हैं"—लेकिन उसने करीम से कहा : "तुम पहले यार विस्की ले आओ।" यह कह कर उसने तीस रुपये जेब से निकाल कर करीम को दिए।

करीम ने नोट लेकर नज़ीर से कहा : "मैं ले आता हूं। आप अन्दर कमरे में बैठिये।"

नज़ीर के पास सिर्फ दस रुपये थे। लेकिन वो कमरे का दरवाज़ा खुलवा कर बैठ गया। उसने सोचा था कि विस्की की बोतल लेकर एक नज़र शकुंतला की बहन को देख कर चल देगा। जाते वक़्त दो रुपये करीम को दे देगा। तीन तरफ से खुले हुए हवादार कमरे में निहायत ही मैली कुर्सी पर बैठ कर उसने सिगरेट सुलगाया और अपनी टांगें पलंग पर रख दीं। थोड़ी ही देर के बाद आहट हुई करीम दाख़िल हुआ। उसने नज़ीर के कान के साथ मुंह लगाकर धीरे से कहा : "नज़ीर साहब! आ रही है। लेकिन आप ही राम कीजिएगा उसे।"

यह कहकर वो चला गया। पांच मिनट के बाद एक लड़की जिसकी शक्ल-सूरत करीब-करीब शकुंतला से मिलती थी। तेवर चढ़ाए, शकुंतला के से अंदाज़ में सफेद धोती पहने कमरे में दाख़िल हुई। बड़ी बेपरवाई से उसने माथे के क़रीब हाथ ले जाकर 'आदाब' कहा और लोहे के पलंग पर बैठ गई। नज़ीर ने यों महसूस किया कि वो उससे लड़ने आई है। छ : बरस पीछे के ज़माने में डुबकी लगा कर वो उससे मुख़ातिब हुआ : "आप शकुंतला की बहन हैं?"

उसने बड़े तीखे और ख़ुफ्गी आमेज़ लहजे में कहा : "जी हां।"

नज़ीर थोड़ी देर के लिए ख़ामोश हो गया। इसके बाद उस लड़की को जिसकी उम्र शकुंतला से लगभग तीन बरस बड़ी थी, बड़े ग़ौर से देखा। नज़ीर की यह हरकत उसको बहुत नागवार महसूस हुई। वो बड़े ज़ोर से टांग हिला कर उससे मुख़ातिब हुई : "आप मुझ से क्या कहना चाहते हैं?"

नज़ीर के होंठों पर छ : बरस पीछे की मुस्कुराहट नमदार हुई : "जनाब! आप इतना नाराज़ क्यों हैं?"

वो बरस पड़ी। "मैं नाराज़ क्यों न होऊं–ये आपका करीम मेरी बहन को जयपुर से उड़ा लाया है। बताइये आप मेरा ख़ून नहीं खौलेगा। मुझे मालूम हुआ कि आपको भी वो पेश की गई थी?"

नज़ीर की ज़िन्दगी में ऐसा मामला कभी नहीं आया था। कुछ देर सोच कर उसने उस लड़की से बड़े ख़ुलूस के साथ कहा : "शकुंतला को देखते ही मैंने फैसला कर लिया था कि यह लड़की मेरे काम की नहीं। मुझे ऐसी लड़कियां बिल्कुल पसंद नहीं। आप शायद बुरा मानें, लेकिन यह हक़ीक़त है कि मैं उन औरतों को बहुत ज़्यादा पसंद करता हूं जो मर्द की ज़रूरियात को समझती हैं।

उसने कुछ न कहा। नज़ीर ने उससे पूछा : "आपका नाम?"

शकुंतला की बहन ने कहा : "शारदा।"

नज़ीर ने फिर उससे पूछा : "आपका वतन?"

"जयपुर।" उसका स्वर बहुत ही तीखा और नाराज़गी भरा था।

नज़ीर ने मुस्कुरा कर उससे कहा। देखिये, आपको मुझसे नाराज़ होने का कोई हक़ नहीं–करीम ने अगर कोई ज़्यादती की है तो आप उसको सज़ा दे सकती हैं, लेकिन मेरा कोई क़सूर नहीं।" यह कह कर वो उठा और उसको अचानक अपने बाजुओं में समेटकर उसके होंटों को चूम लिया। वो कुछ कहने भी न पाई थी कि नज़ीर उससे मुख़ातिब हुआ : "यह क़िस्सा अलबत्ता मेरा है। इसकी सज़ा मैं भुगतने के लिए तैयार हूं।"

लड़की के माथे पर बेशुमार तब्दीलियां नमूदार हुईं। उसने तीन-चार बार ज़मीन पर थूका। शायद गालियां देने वाली थी, लेकिन चुप हो गई। उठ खड़ी हुई थी लेकिन फौरन ही बैठ गई। नज़ीर ने चाहा कि वो कुछ कहे। बताइये, आप मुझे क्या सज़ा देना चाहती हैं।"

वो कुछ कहने वाली थी कि डरबे से किसी बच्चे के रोने की आवाज़ आई। लड़की उठी। नज़ीर ने उसे रोका। "कहां जा रही हैं आप?"

वो एकदम मां बन गई : "मुन्नी रो रही है दूध के लिए।" यह कह कर वो चली गई।

नज़ीर ने उसके बारे में सोचने की कोशिश की मगर कुछ सोच न सका। इतने में करीम विस्की की बोतल और सोडा लेकर आ गया। उसने नज़ीर के लिए सोडा डाला। अपना गिलास ख़त्म किया और नज़ीर से राज़दाराना लहजे में पूछा : "कुछ बातें हुईं शारदा से–मैंने तो समझा था कि आपने पटा लिया होगा।" नज़ीर ने मुस्कुराकर जवाब दिया : "बड़ी गुसीली औरत है।"

"जी हां–सुबह आई है, मेरी जान खा गई है। आप ज़रा उसको राम करें–शकुंतला खुद यहां आई थी, इसलिए कि उसका बाप उसकी मां को छोड़ चुका है और इस शारदा का मामला भी कुछ ऐसा ही है। उसका पति शादी के फौरन बाद ही उसको छोड़ कर खुदा मालूम कहां चला गया। अब अकेली अपनी बच्ची के साथ मां के पास रहती है–आप मना लीजिये न इसको।"

नज़ीर ने उससे कहा : "मनाने की क्या बात है।"

करीम ने उसको आंख मारी : साली मुझ से तो मानती नहीं। जब से आई हैं डांट रही है।"

इतने में शारदा अपनी एक साल की बच्ची को गोद में उठाये अन्दर कमरे में आई। करीम को गुस्से से देखा। उसने आधा पेग पिया और बाहर चला गया।

मुन्नी को बहुत जुकाम था। नाक बहुत बुरी तरह बह रही थी। नज़ीर ने करीम को बुलाया और उसको पांच का नोट देकर कहा : "जाओ, एक विक्स की बोतल ले आओ।"

करीम ने पूछा : "वो क्या होती है?"

नज़ीर ने उससे कहा : "जुकाम वाली दवा है।" यह कह कर उसने एक पुर्जे पर उस दवा का नाम लिख दिया। किसी भी स्टोर से मिल जायेगी।

"जी अच्छा" कह कर करीम चला गया। नज़ीर मुन्नी की तरफ देखने लगा। उसको बच्चे बहुत अच्छे लगते थे। मुन्नी खुश-शक्ल नहीं थी लेकिन कमसिनी के कारण नज़ीर के लिए दिलकश थी। उसने उसको गोद में लिया। मां से सो नहीं रही थी। सर में होले-होले उंगलियां कर उसको सुला दिया और शारदा से कहा : "उसकी मां तो मैं हूं।"

शारदा मुस्कुराई : "लाइये, मैं इसको अन्दर छोड़ आऊं।"

शारदा उसको अन्दर ले गई और चन्द मिनट के बाद वापस आ गई। अब उसके चेहरे पर गुस्से के भाव नहीं थे। नज़ीर उसके पास बैठ गया। थोड़ी देर वो ख़ामोश रहा। इसके बाद उसने शारदा से पूछा : "क्या आप मुझे अपना पति बनने की इजाजत दे सकती हैं?" और उसके जवाब का इंतेज़ार किए बिना उसको अपने सीने से लगा लिया। शारदा ने गुस्से का इज़ाहर न किया। "जवाब दीजिये जनाब।"

शारदा ख़ामोश रही। नज़ीर ने उठ कर एक पेग पिया तो शारदा ने नाक सिकोड़ कर उससे कहा : "मुझे इस चीज़ से नफ़रत है।"

नज़ीर ने एक पेग गिलास डाला। इसमें सोडा मिलाकर उठाया और शारदा के पास बैठ गया : "आपको इससे नफ़रत है क्यों?"

शारदा ने छोटा-सा जवाब दिया : "बस, है।"

"तो आज से नहीं रहेगी-यह लीजिये।" यह कह कर उसने गिलास शारदा की तरफ बढ़ा दिया।

"मैं नहीं पियूंगी।"

"मैं कहता हूं, तुम इंकार नहीं करोगी।"

शारदा ने गिलास पकड़ लिया। थोड़ी देर तक अजीब निगाहों से देखती रही फिर नज़ीर की तरफ मज़लूमाना निगाहों से देखा और नाक उंगलियों से बन्द कर के सारा गिलास ग़टाग़ट पी गई। मतली आने को थी मगर उसने रोक ली। धोती के पल्लू से अपने आंसू पोछ कर उसने नज़ीर से कहा : "यह पहली और आख़िरी बार है। लेकिन मैंने क्यों पी?"

नज़ीर ने उसके गीले होंट चूमे और कहा : "यह मत पूछो।" यह कह कर उसने दरवाज़ा बन्द कर दिया।

शाम को सात बजे उसने दरवाज़ा खोला। करीम आया तो शारदा नज़रें झुकाए बाहर चली गई। करीम बहुत ख़ुश था। उसने नज़ीर से कहा : "आपने कमाल कर दिया–आपसे सौ तो नहीं मांगता पचास दे दीजिये।"

नज़ीर शारदा से संतुष्ट था। इतना कि वो पिछली तमाम औरतों को भूल चुका था। वो उसके जिंसी सवालात का सौ प्रतिशत सही जवाब थी। उसने करीम से कहा : "मैं कल अदा कर दूंगा–होटल का किराया भी कल चुकाऊंगा। आज मेरे पास विस्की मंगाने के बाद सिर्फ दस रुपये बाक़ी थे।"

करीम ने कहा : "कोई वान्दा नहीं। मैं तो इस बात से खुश हूं कि आपने शारदा से मामला तय कर लिया है–हुज़ूर! मेरी जान खा गई थी। अब शकुंतला से वह कुछ नहीं कह सकती।"

करीम चला गया। शारदा आई–उसकी गोद में मुन्नी थी। नज़ीर ने उसको पांच रुपये दिये। लेकिन शारदा ने इंकार कर दिया। इस पर नज़ीर ने उससे मुस्कुराकर कहा : "मैं इसका बाप हूं। तुम यह क्या कर रही हो?"

शारदा ने रुपये ले लिए, बड़ी ख़ामोशी के साथ। शुरू-शुरू में वो बहुत बातूनी मालूम होती थी। ऐसा लगता था कि बातों की दरिया बहा देगी। मगर अब वो बात करने से कतराती थी। नज़ीर ने उसकी बच्ची को लेकर प्यार किया और जाते वक़्त शारदा से कहा : "लो भई शारदा मैं चला। कल नहीं तो परसों ज़रूर आऊंगा।

लेकिन नज़ीर दूसरे ही रोज़ आ गया। शारदा के जिस्मानी ख़ुलूस ने उस पर जादू सा कर दिया था। उसने करीम को पिछले रुपये अदा किए। एक बोतल मंगवाई और शारदा के साथ बैठ गया। उसको पीने के लिए कहा तो वो बोली : "मैंने कह दिया था वो पहला और आख़री गिलास था।"

नज़ीर अकेला पीता रहा। सुबह ग्यारह बजे से शाम सात बजे तक होटल के उस कमरे में शारदा के साथ रहा–जब घर लौटा, वह बहुत ही संतुष्ट था। पहले दिन से भी ज़्यादा संतुष्ट। शारदा अपनी शक्लो-सूरत और कम बोलने के बावजूद उसके दिलो-दिमाग़ पर छा गई थी। नज़ीर बार-बार सोचता था। यह कैसी औरत है–मैंने अपनी ज़िन्दगी में ऐसी ख़ामोश मगर जिस्मानी तौर पर ऐसी 'पुरगो' औरत नहीं देखी।"

नज़ीर हर दूसरे दिन शारदा के पास जाना शुरू कर दिया। उसको रुपये पैसे से कोई दिलचस्पी नहीं थी। नज़ीर साठ रुपये करीम को देता था। दस

रुपये होटल वाला ले जाता था। बाकी पचास में से लगभग तेरह रुपये करीम अपनी कमीशन काट लेता था। मगर शारदा ने इस बारे में नज़ीर से कभी ज़िक्र नहीं किया था।

दो महीने बीत गए। नज़ीर के बजट ने जवाब दे दिया। इसके इलावा उसने बड़ी शिद्दत से महसूस किया कि शारदा उसके वैवाहिक जीवन में दीवार बन गई है। वो बीवी के साथ सोता है तो उसको एक कमी महसूस होती है, वो चाहता है उसके बजाये शारदा हो। यह बुरी बात थी। नज़ीर को चूंकि एहसास था, इसलिए उसने कोशिश की कि शारदा का सिलसिला किसी न किसी तरह ख़त्म हो जाये।

चुनांचे उसने शारदा ही से कहा : "शारदा! मैं शादी-शुदा आदमी हूं। मेरी जितनी जमा पूंजी थी, ख़त्म हो गई। समझ में नहीं आता मैं क्या करूं। तुम्हें छोड़ भी नहीं सकता।, हालांकि चाहता हूं कि इधर का कभी रूख न करूं।"

शारदा ने यह सुना तो ख़ामोश हो गई। फिर थोड़ी देर बाद कहा : "जितने रुपये मेरे पास हैं, आप ले सकते हैं। सिर्फ मुझे जयपुर का किराया दे दीजिये ताकि मैं शकुंतला को लेकर वापस चली जाऊं।"

नज़ीर ने उसका प्यार लिया और कहा : "बकवास न करो-तुम मेरा मतलब न समझीं। बात यह है कि मेरा रुपया बहुत ख़र्च हो गया है, बल्कि यों कहो ख़त्म हो गया है। मैं ये सोचता हूं तुम्हारे पास कैसे आ सकूंगा?"

शारदा ने कोई जवाब न दिया। नज़ीर एक दोस्त से क़र्ज लेकर जब दूसरे दिन होटल में पहुंचा तो करीम ने बताया कि वो जयपुर जाने के लिए तैयार बैठी है। नज़ीर ने उसको बुलाया। मगर वो न आई। करीम के हाथ उसने बहुत से नोट भिजवाये और कहा : "आप यह रुपये ले लीजिये। मुझे अपना एंडरेस दे दीजिये।"

नज़ीर ने करीम को अपना एडरेस लिख कर दे दिया और रुपये वापस कर दिये। शारदा आई। गोद में मुन्नी थी। उसने आदाब अर्ज की और कहा : "मैं आज शाम को जयपुर जा रही हूं।

नज़ीर ने पूछा : "क्यों?"

शारदा ने छोटा सा जवाब दिया : "मुझे मालूम नहीं।" और यह कह कर वह चली गई।

नज़ीर ने करीम से कहा कि उसे बुला कर लाए। मगर वह न आई। नज़ीर चला गया। उसे यों महसूस हुआ कि उसके बदन की हरारत चली गई है।

उसके सवाल का जवाब चला गया है।

वो चली गई, वाक़ई चली गई। करीम को इसका बहुत अफ़सोस था। उसने नज़ीर से शिकायत के तौर पर कहा : "नज़ीर साहब! आपने क्यों उसको जाने दिया?"

नज़ीर ने उससे कहा : "भाई, मैं तो कोई सेठ हूं नहीं–हर दूसरे दिन पचास एक, दस होटल के, तीस बोतल के और ऊपर का खर्च अलग। मेरा तो दीवालिया पिट गया है–ख़ुदा की क़सम, कर्ज़दार हो गया हूं।"

यह सुन कर करीम ख़ामोश हो गया। नज़ीर ने उससे कहा : "भई, मैं मजबूर था। कहां तक यह क़िस्सा चलाता।"

करीम ने कहा : "नज़ीर साहब उसको आपसे मुहब्बत थी।"

नज़ीर को मालूम नहीं था कि मुहब्बत क्या होती है। वह फ़क़त इतना जानता था कि शारदा में जिस्मानी ख़ुलूस है। वो मर्दाना सवालात का बिल्कुल सही जवाब है। इसके अलावा वो शारदा के बारे में कुछ नहीं जानता था, जबकि उसने संक्षेप में उससे यह ज़रूर कहा था कि उसका पति अय्याश था और उसको सिर्फ इसलिए छोड़ गया था कि दो बरस तक उसके यहां औलाद नहीं हुई थी। लेकिन जब वो उससे अलग हुआ तो नौ महीने के बाद मुन्नी पैदा हुई जो बिल्कुल अपने बाप पर है।

शकुंतला को वो अपने साथ ले गई। वो उसका ब्याह करना चाहती थी। उसकी ख़्वाहिश थी कि वो शरीफ़ाना ज़िन्दगी बसर करे। करीम ने नज़ीर को बताया था कि वो उससे बहुत मुहब्बत करती है। करीम ने बहुत कोशिश की थी कि शकुंतला से पेशा कराये। कई पसिंजर आते थे। एक रात के लिए दो-दो सौ रुपये देने के लिए तैयार थे। मगर शारदा नहीं मानती थी, करीम से लड़ना शुरू कर देती थी। करीम उससे कहता था : "तुम क्या कर रही हो?" वो जवाब देती : "अगर तुम बीच में न होते तो मैं ऐसा कभी नहीं करती। नज़ीर साहब का एक पैसा ख़र्च न होने देती।"

शारदा ने नज़ीर से एक बार उसका फोटो मांगा था। जो उसने घर से लाकर उसको दे दिया था। जिसे वह अपने साथ जयपुर ले गई थी। उसने नज़ीर से कभी मुहब्बत का इज़ाहर नहीं किया था–जब दोनों बिस्तर पर लेटे होते वो बिल्कुल ख़ामोश रहती। नज़ीर उसको बोलने पर उकसाता मगर वो कुछ न कहती। लेकिन नज़ीर उसके जिस्मानी ख़ुलूस का क़ाइल था। जहां तक इस बात का ताल्लुक़ था, वो प्यार और हमदर्दी का मुजस्समा थी।

वो चली गई। नज़ीर के सीने का बोझ हल्का हो गया। क्योंकि वो उसकी

घरेलू ज़िदगी में बहुत बुरी तरह दीवार हो गई थी। अगर वो कुछ देर और रहती तो बहुत मुमकिन था कि नज़ीर अपनी बीवी को भूल जाता। कुछ दिन बीते तो वो अपनी असली हालत पर आने लगा। शारदा का जिस्मानी लम्स उसके जिस्म से आहिस्ता-आहिस्ता दूर होने लगा।

ठीक पन्द्रह दिन के बाद जब नज़ीर घर में बैठा दफ़्तर का काम कर रहा था, उसकी बीवी ने सुबह की डाक लाकर उसे दी। सारे ख़त वहीं खोला करती थी। एक ख़त उसने खोला और देखकर नज़ीर से कहा : "मालूम नहीं गुजराती है या हिन्दी।" नज़ीर ने ख़त लेकर देखा। उसको मालूम न हो सका कि हिन्दी है या गुजराती। अलग ट्रे में रख दिया और अपने काम में मशगूल हो गया। थोड़ी देर के बाद नज़ीर की बीवी ने अपनी छोटी बहन नईमा को आवाज़ दी। वो आई तो ख़त उठा कर उसे दिया : "ज़रा पढ़ो क्या लिखा है। तुम तो हिन्दी और गुजराती पढ़ सकती हो।"

नईमा ने ख़त देखा और कहा : "हिन्दी है।" और यह कहकर पढ़ना शुरू किया : "जयपुर...प्रिय नज़ीर साहिब।" इतना पढ़कर वो रूक गई। नज़ीर चौंका। नईमा ने एक पंक्ति और पढ़ी। आदाब! आप तो मुझे भूल चुके होंगे। मगर मैं जब से यहां आई हूं, आपको याद करती रहती हूं।" नईमा का रंग सुर्ख़ हो गया। उसने काग़ज़ का कोई दूसरा रुख़ देखा। "कोई शारदा है।"

नज़ीर उठा। जल्दी से उसने नईमा के हाथ से ख़त लिया और अपनी बीवी से कहा : "ख़ुदा मालूम कौन है—मैं बाहर जा रहा हूं। किसी को पढ़ा कर उर्दू में लिखवा लाऊंगा।" उसने बीवी को कुछ कहने का मौक़ा ही नहीं दिया और चला गया। एक दोस्त के पास जाकर उसने शारदा के ख़त जैसे काग़ज़ मंगवाए और हिन्दी में वैसी ही रौशनाई से एक ख़त लिखवाया। पहले वाक्य वही रखे। मज़मून यह था कि बम्बई सेन्ट्रल पर शारदा उससे मिली थी। उसको इतने बड़े चित्रकार से मिल कर बहुत ख़ुशी हुई थी।

शाम को घर आया उसने नया ख़त अपनी बीवी को दिया और उर्दू की नक़ल पढ़ कर सुना दी। बीवी ने शारदा के मुताल्लिक़ पूछा तो उसने कहा : "अर्सा हुआ है, मैं एक दोस्त को छोड़ने गया था। शारदा को यह दोस्त जानता था। वहां प्लेटफार्म पर उससे मेरा परिचय हुआ। चित्रकारी का उसे भी शौक़ था।"

बात आई गई हो गई। लेकिन दूसरे दिन शारदा का एक और ख़त आ गया। उसको भी नज़ीर ने इस तरीक़े से गोल किया और तुरंत शारदा को तार

दिया कि वो ख़त लिखना बन्द कर दे और उसके नये पते का इन्तेज़ार करे। डाकखाना जाकर उसने अपने डाकिया को ताकीद कर दी कि जयपुर का ख़त वो अपने पास रखे, सुबह आकर वो उससे पूछ लिया करेगा। तीन ख़त उसने इस तरह वसूल किये। इसके बाद शारदा उसके दोस्त के पते से ख़त भेजने लगी।

शारदा बहुत कम बोलने वाली थी, लेकिन ख़त बहुत लम्बे लिखती थी। उसने नज़ीर के सामने कभी अपनी मुहब्बत का इज़हार नहीं किया था, लेकिन ख़त इस इज़हार से भरे होते थे। गिले-शिकवे और जुदाई की बातें जो इश्किया ख़तों में होती हैं। नज़ीर को शारदा से वो मुहब्बत नहीं थी जिसका ज़िक्र अफ़सानों और नाविलों में होता है, इसलिए उसकी समझ में नहीं आता था कि वो जवाब किया लिखे। इसलिए यह काम उसका दोस्त ही करता था। हिन्दी में जवाब लिख कर वो नज़ीर को सुना देता था, और नज़ीर कह देता था : "ठीक है।"

शारदा बम्बई आने के लिए बेक़रार थी। लेकिन वो करीम के पास नहीं ठहरना चाहती थी। नज़ीर उसकी रिहाइश का कहीं बंदोबस्त नहीं कर सकता था क्योंकि मकान उन दिनों मिलते ही नहीं थे। उसने होटल का सोचा। मगर ख़्याल आया, ऐसा न हो राज़ खुल जाये। इसलिए उसने शारदा को लिखवाया कि अभी कुछ देर और इंतेज़ार करे।

इतने में साम्प्रदायिक दंगे शुरू हो गये। बँटवारे से पहले अजीब अफरा-तफरी मची थी। उसकी बीवी ने कहा कि वो लाहौर जाना चाहती है। मैं कुछ देर वहां रहूंगी। अगर हालात ठीक हो गये तो वापस आ जाऊंगी, वर्ना आप भी वहीं चले आइयेगा।"

नज़ीर ने कुछ देर उसे रोका मगर जब उसका भाई लाहौर जाने के लिए तैयार हुआ तो वो और उसकी बहन उसके साथ चली गई, और वह अकेला रह गया। उसने शारदा को सरसरी तौर पर लिखा कि वह अकेला है। जवाब में उसका तार आया कि वह आ रही है। इस तार के मुताबिक़ वो जयपुर से चल पड़ी थी। नज़ीर बहुत सिटपिटाया। मगर उसका जिस्म बहुत खुश था। वो शारदा के जिस्म का खुलूस चाहता था। वह दिन फिर से मांगता था जब वह शारदा के साथ चिमटा होता था। सुबह ग्यारह बजे से लेकर शाम के सात बजे तक। अब रुपये के ख़र्च का सवाल नहीं था। करीम भी नहीं था। होटल भी नहीं था। उसने सोचा : "मैं अपने नौकर को राज़दार बना लूंगा, सब ठीक हो जायेगा। दस-पन्द्रह रुपये उसका मुंह बन्द कर देंगे। मेरी बीवी वापस आई

तो वो उससे कुछ नहीं कहेगा।"

दूसरे दिन वो स्टेशन पहुंचा। फ्रन्टियर मेल आई, मगर शारदा तलाश के बावजूद उसे न मिली। उसने सोचा, शायद किसी कारण रुक गई है। दूसरा तार भेजेगी।

इससे अगले दिन वो रोज की तरह सुबह की ट्रेन से अपने दफ़्तर रवाना हुआ। वो महा लक्ष्मी उतरता था। गाड़ी वहां रुकी तो उसने वहां देखा कि प्लेटफार्म पर शारदा खड़ी है। उसने ज़ोर से पुकारा : "शारदा।"

शारदा ने चौंक कर उसकी तरफ देखा : "नज़ीर साहब!"

"तुम यहां कहां?"

शारदा ने शिकायतन कहा : "आप मुझे लेने न आए तो मैं यहां आपके दफ्तर पहुंची। पता चला कि आप अभी तक नहीं आए। यहां प्लेटफार्म पर अब आपका इंतेज़ार कर रही थी।"

नज़ीर ने कुछ देर सोच कर उससे कहा : "तुम यहां ठहरो, मैं दफ्तर से छुट्टी लेकर अभी आता हूं।"

शारदा को बेंच पर बिठा कर नज़ीर जल्दी-जल्दी दफ़्तर गया। एक अर्ज़ी लिख कर वहां चपरासी को दे आया। और शारदा को अपने घर ले गया। रास्ते में दोनों ने कोई बात न की, लेकिन उनके जिस्म आपस में गुफ्तुगू करते रहे। एक दूसरे की तरफ खींचते रहे।

घर पहुंच कर नज़ीर ने शारदा से कहा : "तुम नहा लो, मैं नाश्ते का बन्दोबस्त कराता हूं।"

शारदा नहाने लगी। नज़ीर ने नौकर से कहा : "उसके एक दोस्त की बीवी आई है। जल्दी नाश्ता तैयार कर दे। उससे यह कह कर नज़ीर ने अल्मारी से बोतल निकाली। एक पैग जो दो के बराबर था, ग्लास में उण्डेला और पानी में मिला कर पी गया।"

वो उसी होटल वाले ढंग से शारदा से मिलना चाहता था।

शारदा नहा-धोकर बाहर निकली और नाश्ता करने लगी। उसने इधर-उधर की बेशुमार बातें कीं। नज़ीर ने महसूस किया जैसे वो बदल गई है। वो पहले बहुत कम बोलती थी, अक्सर ख़ामोश रहती थी, मगर अब वो बात-बात पर अपनी महुब्बत का इज़हार करती थी। नज़ीर ने सोचा : ये मुहब्बत क्या है-अगर ये उसका इज़हार न करे तो कितना अच्छा है। मुझे उसकी ख़ामेशी ज़्यादा पसंद थी। उसके ज़रीये मुझ तक बहुत सी बातें पहुंच जाती थीं। मगर अब उसको जाने क्या हो गया है। बातें करती है तो ऐसा मालूम

होता है अपने इश्क़िया ख़त पढ़कर सुना रही है।''

नाश्ता ख़त्म हुआ तो नज़ीर ने एक पैग तैयार किया और शारदा को पेश किया, लेकिन उसने इंकार कर दिया। नज़ीर ने ज़िद किया तो शारदा ने उसको खुश करने की ख़ातिर नाक बन्द कर के दो पेग पी लिया। बुरा सा मुंह बनाया। पानी लेकर कुल्ली की। नज़ीर को अफ़्सोस सा हुआ कि शारदा ने क्यों पी। उसके ज़िद पर भी इंकार किया होता तो ज़्यादा अच्छा था। मगर उसने इसके बारे में ज़्यादा ग़ौर न किया। नौकर को बहुत दूर एक काम पर भेजा। दरवाज़ा बन्द किया और शारदा के साथ बिस्तर पर लेट गया। ''तुमने लिखा था कि वो दिन कब आयेंगे। लो आ गए हैं फिर वही दिन, बल्कि रातें भी। उन दिनों रातें नहीं होती थीं, सिर्फ दिन होते थे। होटल के मैले कुचैले दिन। यहां हर चीज़ उजली थी। हर चीज़ साफ है। होटल का किराया भी नहीं। करीम भी नहीं। यहां हम अपने मालिक आप हैं।''

शारदा ने अपने फिराक़ की बातें शुरू कर दीं। ये ज़माना उसने कैसे काटा। वही किताबों और अफ़्सानों वाली फिज़ूल बातें। गिले-शिकवे, आहें, रातें तारे गिन-गिन कर काटना। नज़ीर ने एक और पैग पिया और सोचा : ''कौन तारे गिनता है। गिन कैसे सकता है इतने सारे तारों को–बिल्कुल फ़िज़ूल है, बेहूदा बकवास है।''

यह सोचते हुए उसने शारदा को अपने साथ लगा लिया। बिस्तर साफ था। शारदा साफ थी। वो खुद साफ था। कमरे की फ़िज़ा भी साफ थी। लेकिन क्या कारण था, नज़ीर के दिलो-दिमाग़ पर वो कैफ़ियत नहीं होती थी जो उस गन्दे होटल में लोहे की चारपाई पर शारदा की निकटता में होती थी।

नज़ीर ने सोचा शायद उसने कम पी है। उठकर उसने एक पैग बनाया और एक ही बार में ख़त्म करके शारदा के साथ लेट गया। शारदा ने फिर वही लाख बार कही हुई बातें शुरू कर दीं। वही जुदाई की बातें। वही गिले-शिकवे। नज़ीर उकता गया, और इस उकताहट ने उसके जिस्म को कुन्द कर दिया। उसको महसूस होने लगा कि शारदा की सान घिस कर बेकार हो गई है। उसके जिस्म के जज़्बात को अब वो तेज़ नहीं कर सकती। लेकिन वो फिर भी उसके साथ देर तक लेटा रहा।

फ़ारिग़ हुआ तो उसका जी चाहा कि टैक्सी पकड़े और अपने घर चला जाये, अपनी बीवी के पास। मगर जब उसने सोचा कि वो अपने घर में है और उसकी बीवी लाहौर में तो दिल ही दिल में बहुत झुंझलाया। उसको ये ख़्वाहिश हुई कि उसका घर होटल बन जाये।

शारदा के जिस्म का खुलूस बरक़रार था, मगर वो फ़िज़ा नहीं थी। वो सौदे बाज़ी नहीं थी। इस हाथ दे, उस हाथ ले वाली बात नहीं थी–होटल की वो गन्दगी नहीं थी। ये सब चीज़ें मिल मिलाकर जो एक माहौल बनाती थीं, वो नहीं था। नज़ीर अपने घर में था। इस बिस्तर पर था जिस पर उसकी सादा लोह बीवी उसके साथ सोती थी। यह एहसास उसके ज़ेहन में था, इसीलिए वो समझ न सकता था कि मामला क्या है कभी वो ये सोचता था कि व्हिस्की ख़राब है। कभी वो यह सोचता था कि शारदा ने इल्तफ़ात नहीं बरता। और कभी यह ख़्याल करता था कि वो ख़ामोश रहती तो सब ठीक होता। फिर वो यह सोचता इतनी देर के बाद मिली है, दिल की भड़ास तो निकालना थी बेचारी को। एक–दो दिन में ठीक हो जायेगी, वही पुरानी शारदा बन जायेगी।

पन्द्रह दिन बीत गए, मगर नज़ीर को शारदा, वो पुरानी होटल वाली शारदा महसूस न हुई। उसकी बच्ची जयपुर में थी, होटल में वो उसके साथ होती थी। नज़ीर उसके जुकाम के लिए, उसकी फुंसियों के लिए, उसके गले के लिए दवाएं मंगवाया करता था। अब यह चीज़ नहीं थी। वो बिल्कुल अकेली थी। नज़ीर उसको और उसकी मुन्नी को बिल्कुल एक समझता था।

एक बार शारदा की दूध भरी छातियों पर दबाव डालने के कारण नज़ीर के बालों भरे सीने पर दूध के कई क़तरे चिमट गये थे। और उसने एक अजीब क़िस्म की लिज्ज़त महसूस की थी। उसने सोचा था, मां बनना कितना अच्छा है–और यह दूध। मर्दों में यह कितनी बड़ी कमी है कि वो खा–पी कर सब हज़्म कर जाते हैं। औरतें खाती हैं और खिलाती भी हैं–किसी को पालना। अपने बच्चे ही को सही, कितनी शानदार चीज़ है।''

अब मुन्नी, शारदा के साथ नहीं थी। वो अधूरी थी। उसकी छातियां भी अधूरी थीं। अब उनमें दूध नहीं था। वो सफेद–सफेद आबे–हयात। नज़ीर अब उसको अपने सीने के साथ भींचता था तो वो उसको मना नहीं करती थी। शारदा, अब वो शारदा नहीं थी। लेकिन हक़ीक़त यह है कि शारदा वही शारदा थी, बल्कि उससे कुछ ज़्यादा थी। यानी इतनी देर जुदा रहने के बाद उसका जिस्मानी खुलूस तेज़ हो गया था। वो रूहानी तौर पर भी नज़ीर को चाहती थी, लेकिन नज़ीर को ऐसा महसूस होता था कि शारदा में अब वो पहली सी कशिश या जो कुछ था, नहीं रहा।

पन्द्रह दिन लगातार उसके साथ गुज़ारने पर वो इस नतीजे पर पहुंचा था। पन्द्रह दिन दफ़्तर से ग़ैर हाज़री बहुत काफी थी। उसने अब दफ़्तर जाना शुरू कर दिया। सुबह उठकर दफ़्तर जाता और शाम को लौटता। शारदा ने बिल्कुल

बीवियों की तरह उसकी ख़िदमत करना शुरू कर दी। बाज़ार से ऊन ख़रीद कर उसके लिए स्वेटर बुन दिया। शाम को दफ़्तर से आता तो उसके लिए सोडे मंगवा कर रखे होते। बर्फ थर्मास में डाली होती। सुबह उठकर उसके शेव का सामान मेज़ पर रखती। पानी गर्म कराके उसको देती। वो शेव कर चुकता तो सारा सामान साफ करती। घर की सफाई कराती। खुद झाड़ देती। नज़ीर और भी ज़्यादा उकता गया।

रात को वो इकट्ठे सोते थे। मगर अब उसने यह बहाना किया कि वो सोच रहा है। इसलिए अकेला सोना चाहता है। शारदा दूसरे पलंग पर सोने लगी। मगर यह नज़ीर के लिए एक और उलझन हो गई। वो गहरी नींद से सोई होती, और वो जागता रहता और सोचता कि और आख़िर यह सब कुछ है क्या। यह शारदा यहां क्यों है—करीम के होटल में उसने उसके साथ चन्द दिन बड़े अच्छे गुज़ारे थे, मगर यह उसके साथ क्यों चिमट गई हैं। आख़िर इसका अंजाम क्या होगा—मुहब्बत वग़ैरह सब बकवास है। जो एक छोटी सी बात थी, वो अब नहीं रही। उसको वापस जयपुर जाना चाहिए।

कुछ दिनों के बाद उसने यह महसूस करना शुरू किया कि वो गुनाह कर रहा है। वो करीम के होटल में भी करता था। उसने शादी से पहले भी ऐसे बेशुमार गुनाह किए थे। मगर उनका उसको एहसास ही नहीं था। लेकिन उसने बड़ी शिद्दत से महसूस करना शुरू किया था कि वो अपनी बीवी से बेवफाई कर रहा है। अपनी सीधी-साधी पत्नी से जिसको उसने कई बार शारदा के ख़तों के सिलसिले में चकमा दिया था। शारदा अब और भी ज़्यादा बेकशिश हो गई। वो उससे रूखा बर्ताव करने लगा, मगर उसके रवैये में कोई फ़र्क़ न आया। वो जानती थी कि आर्टिस्ट लोग मूडी होते हैं। इसलिए वो उसके रूखे व्यवहार की शिकायत नहीं करती थी। पूरा एक महीना हो गया। जब नज़ीर ने दिन गिने तो उसको बहुत उलझन हुई। यह औरत क्या पूरा एक महीना यहां रही है—मैं कितना ज़लील आदमी हूं—और इधर हर रोज़ मैं अपनी बीवी को ख़त लिखता हूं जैसे वफ़ादार शौहर हूं—जैसे मुझे उसका बहुत ख़्याल है। जैसे उसके बिना मेरी ज़िन्दगी अजीरन है। मैं कितना बड़ा फ्रॉड हूं। इधर अपनी बीवी से गद्दारी कर रहा हूं, उधर शारदा से। मैं क्यों उससे साफ़-साफ़ नहीं कह देता कि भई अब मुझे तुमसे लगाव नहीं रहा। लेकिन सवाल यह है कि मुझे लगाव नहीं रहा या शारदा में वो पहले सी बात नहीं रही।

वो इसके बारे में सोचता। मगर उसे कोई जवाब न मिलता। उसके ज़ेहन में अजीब अफ़रा-तफ़री फैली थी। वो अब इस बारे में सोचता रहा। बीवी से

वो जो ग़द्दारी कर रहा था, इसका एहसास कर वक़्त उसके दिलो-दिमाग़ में रहता था। कुछ दिन और बीते तो यह एहसास और भी ज़्यादा शदीद हो गया और नज़ीर को ख़ुद से नफ़रत होने लगी। "मैं बहुत ज़लील आदमी हूं। यह औरत मेरी दूसरी बीवी क्यों बन गई है। मुझे उसकी कब ज़रूरत थी। ये क्यों मेरे साथ चिपक गई है। मैंने क्यों उसको यहां आने की इजाज़त दी। जब उसने तार भेजा, लेकिन वो तार ऐसे वक़्त पर मिला था कि मैं उसको रोक ही नहीं सकता था।"

फिर वो सोचता कि शारदा जो कुछ करती है, बनावट है। वो उसको इस बनावट से जुदा करना चाहती है। इससे उसकी नज़रों में शारदा और भी गिर गई। इस से नज़ीर का व्यवहार और ज़्यादा रूखा हो गया। उसके रूखेपन को देख कर शारदा बहुत ज़्यादा मुलायम हो गई। उसने नज़ीर के आराम का ज़्यादा ख़्याल रखना शुरू कर दिया। लेकिन नज़ीर को उसके इस रवैये से बहुत उलझन हुई। वो उससे बहुत ज़्यादा नफ़रत करने लगा।

एक दिन उसकी जेब खाली थी। बैंक से रुपये निकलवाने उसको याद नहीं रहे थे। दफ़्तर बहुत देर से गया, इसलिए कि उसकी तबीयत ठीक नहीं थी। जाते वक़्त शारदा ने उससे कुछ कहा तो वो उसी पर बरस पड़ा : "बकवास न करो, मैं ठीक हूं। बैंक से रुपये निकलवाने भूल गया हूं और सिगरेट मेरे सारे ख़त्म हैं।"

दफ़्तर के पास की दुकान से उसको गोल्ड फ्लेक का डिब्बा मिला। ये सिगरेट उसको पसंद नहीं थे मगर उधार मिल गये थे, इसलिए दो-तीन मजबूरन पीने पड़े। शाम को घर आया तो देखा तिपाई पर उसका मन भाता सिगरेट का डिब्बा पड़ा है। ख़्याल किया कि खाली है। फिर सोचा कि शायद एक दो इसमें पेड़ हों। खोल कर देखा तो भरा हुआ था। शारदा से पूछा : "यह डिब्बा कहां से आया?"

शारदा ने मुस्कुराकर जवाब दिया : "अन्दर अल्मारी में पड़ा था।

नज़ीर ने कुछ न कहा। उसने सोचा शायद मैंने खोल कर अन्दर अल्मारी में रख दिया था और भूल गया। लेकिन दूसरे दिन फिर तिपाई पर भरा डिब्बा मौजूद था। नज़ीर ने जब शारदा से इस बारे में पूछा तो उसने मुस्कुराकर वही जवाब दिया : "अन्दर अल्मारी में पड़ा था।"

नज़ीर ने बड़े गुस्से के साथ कहा : "शारदा! तुम बकवास करती हो। तुम्हारी यह हरकत मुझे पसंद नहीं। मैं अपनी चीज़ें खुद ख़रीद सकता हूं। मैं भिखारी नहीं हूं जो तुम मेरे लिए हर रोज़ सिगरेट खरीदा करो।"

शारदा ने बड़े प्यार से कहा : "आप भूल जाते हैं, इसीलिए मैंने दो बार गुस्ताखी की।"

नज़ीर ने अकारण और ज़्यादा गुस्से से कहा : "मेरा दिमाग़ ख़राब है—लेकिन मुझे यह गुस्ताख़ी हर्गिज़ पसंद नहीं।"

शारदा का लहजा बहुत नर्म हो गया : "मैं आप से क्षमा चाहती हूं।"

नज़ीर ने एक क्षण के लिए सोचा कि शारदा की कोई ग़लती नहीं। उसे आगे बढ़ कर उसका मुंह चूम लेना चाहिए, इसलिए कि वो उसका इतना ख़्याल रखती थी। मगर तुरंत ही उसको अपनी बीवी का ख़्याल आया कि वो ग़द्दारी कर रहा था, चुनांचे उसने शारदा से बड़े नफ़रत भरे स्वर में कहा : "बकवास न करो। मेरा ख़्याल है कि तुम्हें कल यहां से भेज दूं। कल सुबह तुम्हें जितने रुपये चाहिये होंगे दे दूंगा।"

शारदा ने कुछ न कहा : रात को वो नज़ीर के साथ सोई। सारी रात उससे प्यार करती रही। नज़ीर को इससे उलझन होती रही, मगर उसने शारदा पर इसका इज़्हार नहीं किया। सुबह उठा तो नाश्ते पर बेशुमार लज़ीज़ डिशें थीं! फिर भी उसने शारदा से कोई बात न की। फ़ारिग़ होकर वो सीधा बैंक गया। जाने से पहले उसने शारदा से सिर्फ इतना कहा : "मैं बैंक जा रहा हूं।"

बैंक की वो ब्रांच जिसमें नज़ीर का रुपया जमा था, बिल्कुल नज़दीक था। वो दो सौ रुपये निकलवा कर तुरंत ही वापस आ गया। उसका इरादा था कि वो सब रुपया शारदा के हवाले कर देगा और उसको टिकट आदि लेकर भेज देगा। मगर जब वो घर पहुंचा तो उसके नौकर ने बताया कि वो चली गई है। उसने पूछा : "कहां?"

नौकर ने बताया : "जी, मुझ से तो उन्होंने कुछ नहीं कहा अपना ट्रंक और बिस्तर साथ ले गई हैं।"

नज़ीर अन्दर कमरे में आया तो उसने देखा कि तिपाई पर उसके पसंदीदा सिगरेटों का डिब्बा पड़ा है भरा हुआ!

❑❑❑